关系性视域下
我国社会工作师
权利义务立法研究

■ 杨超 著

Study on the Legislation
of Social Worker's Rights and Obligations
in China: A Relational Perspective

WUHAN UNIVERSITY PRESS
武汉大学出版社

图书在版编目(CIP)数据

关系性视域下我国社会工作师权利义务立法研究/杨超著.—武汉：
武汉大学出版社,2021.12
ISBN 978-7-307-21613-6

Ⅰ.关…　Ⅱ.杨…　Ⅲ.社会工作—立法—研究—中国
Ⅳ.D922.110.4

中国版本图书馆 CIP 数据核字(2020)第 113502 号

责任编辑:沈岑砚　　责任校对:李孟潇　　整体设计:马　佳

出版发行:**武汉大学出版社**　　(430072　武昌　珞珈山)

(电子邮箱:cbs22@whu.edu.cn　网址:www.wdp.whu.edu.cn)

印刷:武汉邮科印务有限公司

开本:720×1000　1/16　印张:10　字数:180 千字　插页:1

版次:2021 年 12 月第 1 版　　2021 年 12 月第 1 次印刷

ISBN 978-7-307-21613-6　　定价:38.00 元

序　言

在中国社会工作专业化、职业化、本土化发展的道路上，亦需要社会工作的法治化。推动社会工作师立法，是发挥社会工作师专业作用，保护社会工作师合法权益，规范其行为，维护服务对象利益，推进社会工作事业发展的保障。国际经验也表明社会工作师立法对于社会工作发展具有重要意义。法律本质上是法律关系的设定，表述为权利义务，权利义务是法律的核心内容，没有权利义务也就没有法律。作为法学与社会工作交叉学科议题，本书聚焦于社会工作师权利义务这一法律核心范畴。

在研究取向上，本书从关系性视域出发。当前国际和国内兴起的关系主义视角为分析问题提供了更具穿透力和智慧的方式。本书首先从理论上构建了关系性社会治理框架，继而延伸到关系性视角的立法与社会工作师权利义务立法。借鉴相关经验，基于法理分析，形成了社会工作师权利义务的架构，指出当下我国社会工作师权利义务立法面临的职业共同性与特殊性、现实与发展、域外借鉴与本土实践、权利与义务、法律与道德五对关系矛盾体。本书对社会工作师各项法定权利义务的讨论也就是在解决这五对关系中得出的。

在研究方法上，本书主要采用比较法。首先分析了中国社会工作发端——民国社会工作的立法经验，以及域外社会工作立法经验。接着，借助布迪厄基于关系主义建构的元概念——场域，分析了中国社会工作场域的特点。进而，通过比较，考察了教师、律师等职业立法经验，中央和深圳、珠海等地方社会工作规定，中国台湾、中国香港、美国、加拿大等十余个域外地区和国家的立法经验。基于以上的立法规范进行比较分析，结合转型时期中国社会工作的特性提出社会工作师享有四大权利、五项义务。即根据法学中关于权利的结构框架资格权利、行为权利和保障性权利，提出了社会工作师职业头衔专用权、专业自主权、请求协助权和保障性权四项权利。根据保障性义务、主导性义务和合作性义务角度形成义务结构，提出了社会工作师保密义务、专业服务记录义务、接受继续教育义务、报告义务、灾难事故服从安排义务五项义务。研究讨论部分基于社会工作师权利义务立法进行了更为广阔的讨论，对于社会工作师立法社会工作专业化、职业化以及本土化关系，社会工作立法理念，福利权与社会工作权，中国共产党与社会工作立法，法律与伦理关系等进行了探讨。

　　本书是笔者对于社会工作立法领域的初步探索。笔者具有法学和社会学双学科背景，致力于从法治层面推进社会工作发展。当前，国内对于这一领域的探讨并不充分，希望本书能丰富这一课题的研究。这一探讨从应用意义讲，有助于建构适合我国的社会工作职业立法，提升社会工作职业制度建设与发展，进而促进社会工作参与社会治理，提升社会治理的有效性。这是我国法治体系要求的重要内容，有助于促进行业法治化，促进法治社会的建设，促进社会治理的法治化。从理论意义上讲，从关系视角分析社会工作职业立法，提升社会工作职业立法的理论基础，有助于丰富法治理论，也有助于社会治理领域法治理论的扩展。

杨超

2020 年 1 月

目　　录

第一章 导 论

第一节 研究背景

随着我国进入现代化加速期，必须面对和设法解决各种新旧社会问题，以协调经济社会发展格局。在"政府失灵""市场失灵"的情形下，需要依靠社会力量共同构建和谐社会。社会工作人才是专业的社会力量，是和谐社会建设的主力军。从 2003 年上海市首开社会工作者职业考试，全国范围内已有专业社会工作人才 30 万人①。根据我国《社会工作专业人才队伍建设中长期规划（2011—2020 年）》，到 2020 年，社会工作专业人才总量增加到 145 万人。如何管理、规范、保障和激励这支队伍，成为关系我国社会工作事业发展成败的一个重要问题。一般说来，主要是两种方式，一是专业伦理规范，二是法律规范。前者在社会工作界有广泛共识，而后者的认识度和重视度则不高。究其原因，一是在于社会工作法律本身是一个交叉学科的内容，社会工作界缺乏对法律的足够了解；二是对法律认识的偏差，以为违法才涉及法律，社会工作作为高尚的职业无讨论法律规范的意义。实际上，社会工作发达国家地区经验表明，在社会工作的专业化、职业化、本土化进程中，亦需要社会工作的法治化。

一般认为，社会工作法包括社会工作主体法、社会工作事业法、社会工作受助群体权益保护法。② 目前，我国已经出台了一些与社会工作相关的法律法规。总体说来，我国社会工作立法（立法指立法过程中产生的结果）的初步框架已经形成。传统的社会工作受助群体权益保护法涉及未成年人、妇女、老年

---

① 民政部社会工作研究中心：《中国社会工作发展报告（2011—2012）》，北京社会科学文献出版社，2013 年版。

② 叶静漪等：《从社会立法到社会工作立法》，载民政部社会工作司编：《社会工作立法问题研究》，中国社会出版社，2011 年版。

人、残疾人等权益保障，社会工作事业立法涉及农村五保供养、社会保险、劳动保险、城市居民最低生活保障等。近几年陆续出台了部分中央和地方的专业社会工作法规规章。中央层面有原国家劳动保障部 2004 年出台的《社会工作者国家职业标准》、2006 年原人事部与民政部颁布的《社会工作师职业水平评价暂行规定》、民政部发布的《助理社会工作师、社会工作师职业水平考试实施办法》、2009 年民政部发布的《社会工作者职业水平证书登记办法》和《社会工作者继续教育办法》、中国社会工作者协会发布的《中国社会工作者守则》、2013 年民政部发布了《社会工作者职业道德指引》。地方立法上有《深圳市社会工作者登记和注册管理办法》《深圳经济特区慈善事业促进条例（送审稿）》《珠海市社会工作促进办法》《东莞市社会工作者登记注册实施办法（试行）》《上海市社会工作师（助理）注册管理试行办法》等。目前的立法是当前发展社会工作法律基础。但是社会工作法结构并不充实，尤其社会工作师的职业立法位阶偏低而以部门规章和部分地方先行立法为主，有关社会工作师权利义务、法律地位、执业范围、法律责任等立法内容尚付阙如，相关的教育培训、财政税收、社团管理等法律规范衔接不足，立法技术问题众多，等等。在完善社会工作立法、推进社会工作事业发展的立法路径上，有人认为先制定配套立法如确立职业水平评价制度，再开展主体立法，制定《社会工作者条例》，最后完善其他立法制定统一的《社会工作法》①。也有人认为先制定统一的《社会工作者条例》，再形成配套立法，最后完善其他立法以形成《社会工作法》②。虽然学界在推进路线顺序上存在争议，但制定《社会工作者条例》是基本共识。

系统的社会工作师立法，将对社会工作师的定义、法定地位、执业范围、享有的权利和承担的义务以及法律责任等内容作出规定，以国家法律权威表明国家对于这一职业的认可和保护，以及职业主体的行为规范。一项职业的出现也往往是以特定法律出台为标志。社会工作师立法一方面有助于推进我国社会工作的法治化进程，从而完善各项法律法规；另一方面有利于确立社会工作师的地位，维护社会工作师的专业形象与职业尊严，保障社会工作师的合法权益，降低或消除社会工作师的职业成本与风险，从而引领我国社会工作向专业

---

① 参考：叶静漪等：《从社会立法到社会工作立法》，载民政部社会工作司编：《社会工作立法问题研究》，中国社会出版社，2011 年版。王云斌：《社会工作立法框架建构研究》，《社会福利（理论版）》，2012 年第 8 期。

② 竺效、杨飞：《域外社会工作立法模式研究及其对我国的启示》，《政治与法律》，2008 年第 10 期。

化、职业化方向迈进。①② 马克思认为，人在现实性上是一切社会关系的综合，亚里士多德也指出人的城邦性。法律作为现代社会各行各业治理的重要方式，其本质上也是在调节社会关系。社会工作师立法所调节的就是社会工作场域的社会关系，而在法律上称之为法律关系。这些关系的核心主体是社会工作师，相关主体是服务对象、政府、公众等，立法所明确的法律各个关系主体的活动范围和界限就构成了社会工作师法主要内容。在法学上以"权利"来称谓法律主体的资格和活动范围，以"义务"来称谓法律主体的活动界限。"权利义务"因此被称为法律的核心范畴，社会工作师立法的核心就是社会工作师权利义务。考察各个职业，如教师、律师等职业主体立法和研究，关键问题就是厘清本职业主体的权利义务。社会工作师立法的相关研究主要问题就是解决权利义务如何立法，因此，注重权利义务立法的研究也就十分必要。也由此提出一个社会工作师权利义务如何立法的问题。在我国，一方面专门对社会工作权利义务予以规范的法律尚未出台，另一方面社会工作人才发展的现状和未来趋势已对社会工作人才立法提出了要求。当前，我国社会工作师的社会认可度低，社会工作师虽然以帮助弱势群体为己任，但是本身的权利却得不到充分的法律保障。从服务对象权益角度来说也需要法律明确社会工作师职业义务。实际上，法律是国家制定或认可的依靠国家强制力实施的普遍性的规范，通过法律缕清社会工作师职业地位，与相关利益方的关系，明确社会工作师权利义务，是发挥社会工作师专业作用，保护社会工作师合法权益，规范其行为，维护服务对象利益，推进社会工作事业发展的保障。根据《社会工作专业人才队伍建设中长期规划(2011—2020年)》，我国将加快社会工作立法，在社会工作专业人才方面制定管理条例，以法律法规对社会工作专业人才的职责权利、职业行为规范作出规定。然而，立法本身也是在全球背景和地方知识交织的产物，在此讨论的社会工作权利义务立法也是在当代中国的情境下进行的。目前中国正在经历深刻的社会变革，中国独特的文化与制度已经提出社会工作本土化的议题。社会工作的本土化过程自然包括社会工作相关立法及制度的本土化。那么适合我国社会工作权利义务立法是什么？应该如何立法呢？

---

① 袁光亮：《浅谈如何完善我国的社会工作法规》，《现代商业》，2009年第2期。
② 竺效、杨飞：《域外社会工作立法模式研究及其对我国的启示》，《政治与法律》，2008年第10期。

第二节　文　献　综　述

一、社会工作与法律的关系研究现状①

中国台湾学者陈慧女专门研究了中国台湾的法律社会工作，比较全面地分析了法律与社会工作的关系，一方面社会工作师要了解法律，另一方面社会工作师要承担法律中的义务。② 王新燕③、张剑源④、吕涛和高崇慧⑤分析了法律与社会工作相互影响的关系，一方面，社会工作通过政策建议推进立法进程、坚定弱势群体维权信心，社会工作师通过证人、个案记录、评估等，在司法实践中推进案件的顺利进行，拓展法的社会功能；另一方面，社会工作作为一种制度设计，是在法治系统内开展的，社会工作也有法的属性，法律影响社会工作信仰、社会工作实践。

法律常常是建立在伦理原则基础上的，法律与社会工作伦理往往是一致的，但也会出现冲突。我国有着浓厚的道德伦理信仰传统，这极大地影响着法律信仰，尤其是消极的道德信仰。在伦理规则上，有的行为合法但是违背社会工作道德伦理，有的行为符合社会工作道德伦理但违法，出现规则上的冲突。⑥为此，学者指出，国家立法时应充分考量社会工作的特性，重视社会工作师及服务对象的道德信仰和习惯信仰，同时坚决地摒弃不合时宜的思想与习惯。⑦在具体对策上，要"建构社会工作者和服务对象的法律信仰、重塑社会工作师和服务对象法律意识、补给社会工作法律资源、整合社会工作法治秩序与

---

① 需要说明的是由于社会工作师立法以及社会工作立法的研究还不充分，为了全面综述研究现状，这里对一些一般性刊物成果也进行综述。

② 陈慧女：《法律社会工作》，台北心理出版社，2004年版。

③ 王新燕：《论社会工作与法律的相互影响关系》，《社会工作》，2010年第8期。

④ 张剑源：《社会工作在司法领域的影响——兼论社会工作者作为专家证人的可能》，《云南大学学报》，2008年第3期。

⑤ 吕涛、高崇慧：《社会工作实践的法理学思考》，《云南财贸学院学报》，2006年第2期。

⑥ 王新燕：《论社会工作与法律的相互影响关系》，《社会工作》，2010年第8期，第13~14页。

⑦ 王新燕：《论社会工作与法律的相互影响关系》，《社会工作》，2010年第8期，第14页。

社会工作伦理"。① 另外有的人则主张，当前需要首先完善社会工作道德伦理，之后再以国家政策和法规确定行为规范的立法思路。②③然而，这并不妨碍对社会工作师权利义务的研究工作。且更加说明在法定行为规范时要考虑道德规范与法律的差异，较好地处理二者的关系。在美国，不少社会工作师认为依法报告和驱逐非法入境者、实施死刑等虽然合法但是违背专业伦理。④《美国全国社会工作师伦理守则》认为，有时候社会工作师的伦理义务与相关的法律或者规章会发生冲突，出现这类冲突时，社会工作师必须用符合本守则所表述的价值观、原则和标准的方式，采取负责任的行动，解决冲突。⑤

二、社会工作立法研究综述

(一) 相关概念的研究

论及社会工作立法，首先研究的问题就涉及社会工作立法、社会法、社会立法、社会工作师立法等概念的区分。立法既可以指制定和认可法律的动态过程，也可以指法律的成果。黄超、肖峰在《社会工作立法的意涵及其解读》⑥一文中分别提出社会法和社会立法这两个概念，但是各自的区别并未明确。叶静漪等在《从社会立法到社会工作立法》中明确指出，较多运用社会立法而非社会法是因为社会立法一概念不仅仅涉及我国已经进行和正在进行的社会法立法活动的过程和成果，也涵盖了对于我国社会法未来发展进行的规划和愿望，而仅运用"社会法"一词则未必能够完整表达这一含义⑦。叶静漪等指出社会工作法的概念是指规范社会工作师向受助群体提供专业的社会工作服务过程中所形

---

①　郭明霞、扶庆松：《论中国社会工作伦理与法治秩序的构建》，《社科纵横》，2009年第12期。

②　黎明：《我国社会工作者职业立法探索》，中国人民大学，2008年硕士学位论文。

③　吕涛、尹学军：《略论社会工作法治化》，《云南师范大学学报 (哲学社会科学版)》，2006年第6期。

④　Pemberton J. D. *Is there a moral right to violate the law. Social Welfare Forum.* New York：Columbia University Press，1965，pp. 183-196.

⑤　参见《美国全国社会工作师协会伦理守则》。

⑥　黄超、肖峰：《社会工作立法的意涵及其解读》，《中国商界 (下半月)》，2008年第5期，第184页。

⑦　叶静漪等：《从社会立法到社会工作立法》，载民政部社会工作司编：《社会工作立法问题研究》，中国社会出版社，2011年版，第3页。

成的各种社会关系的法律规范的总称。①有的人则认为，社会工作立法可以看成是国家关于解决和预防社会问题、改善和管理社会生活、开展社会福利等方面工作的法律规范的总称②。袁光亮认为，社会工作法律可以被理解为由国家和地方的立法机关和依法授权的行政机关制定和颁布的，规范与社会工作相关的各种单位和个人的职业性活动的各种法律规范的总称。③从中可以发现，定义的共性是与社会工作相关的法律规范的总称，区别在于主体是社会工作师还是相关的各种单位和个人。关于社会工作立法与社会立法的关系上，学者没有争议，认为社会工作立法是社会法的组成部分④⑤。社会工作师立法是社会工作立法的重要内容。袁光亮认为，社会工作师的相关法律可以被理解为由国家和地方的立法机关和依法授权的行政机关制定和颁布的，规范在社会福利、社会救助、社会慈善、残障康复、优抚安置、卫生服务、青少年服务、司法矫治等社会服务机构中从事专门性社会服务工作的专业技术人员的各种法律规范的总称。⑥ 社会工作师是与社会工作者等同的概念，而中国台湾的社会工作师法的规定则包括职业人员、社会工作师事务所、社会工作师行业协会规范内容。

（二）社会工作立法现状评估研究

目前，我国已经出台了一些与社会工作相关的法律法规。有学者就目前的法律法规，分析了宪法、法律、行政法规、部门规章、地方法规与规章、自治条例、单行条例中与社会工作相关的内容，梳理了当前已经形成社会工作法律体系和渊源⑦。从总体上来看，我国社会工作法律法规已形成初步框架。传统的社会工作受助群体权益保护法涵盖妇女、残疾人、未成年人、老年人等权益

---

① 叶静漪等：《从社会立法到社会工作立法》，载民政部社会工作司编：《社会工作立法问题研究》，中国社会出版社，2011 年版，第 23 页。

② 黄超、肖峰：《社会工作立法的意涵及其解读》，《中国商界（下半月）》，2008 年第 5 期，第 184 页。

③ 袁光亮：《浅析我国当前的社会工作法律和社会工作者法律》，《社会工作》，2008年第 2 期，第 29 页。

④ 叶静漪等：《从社会立法到社会工作立法》，载民政部社会工作司编：《社会工作立法问题研究》，中国社会出版社，2011 年版，第 24 页。

⑤ 王云斌：《社会工作立法框架建构研究》，《社会福利（理论版）》，2012 年第 8 期，第 27 页。

⑥ 袁光亮：《浅析我国当前的社会工作法律和社会工作者法律》，《社会工作》，2008年第 2 期，第 29 页。

⑦ 袁光亮：《浅析我国当前的社会工作法律和社会工作者法律》，《社会工作》，2008年第 2 期。

保障，社会工作事业立法涵盖社会保险、劳动保险、城市居民最低生活保障、农村五保供养等。近几年出台了部分专业社会工作法规，如《社会工作者国家职业标准》《社会工作者职业水平评价暂行办法》《社会工作者职业水平证书登记办法》《社会工作者继续教育办法》等，明确了职业社工的法定含义、法定条件、法定能力和法定义务①。

这些立法为社会工作制度建立奠定基础，也是当前发展社会工作法律基础。其中，社会事业和社会工作受助群体权益保护方面立法，成果丰富，立法层次较高②。但是社会工作法结构并不充实，社会工作师职业立法尚付阙如，传统立法缺乏专业社会工作立法内容，立法位阶偏低而以部门规章为主，社会工作相关的财政税收、教育培训、社团管理等法律规范衔接不足，体系不和谐，立法技术问题众多，等等③④⑤⑥。

(三)社会工作立法需求

社会工作立法对明晰社会工作师的公众形象、规范从业社会工作师的行为、提高专业社会工作服务的质量、维护社会工作服务对象的权益起到了至关重要的作用。⑦ 社会工作的根本职能是实现社会的和谐稳定，而立法是社会工作事业运行和发展的根本保障。⑧除了社会工作发展、社会建设发展的角度外，社会工作立法也是为了完善社会主义法制体系⑨，满足社会需要、回应民众

---

①　袁光亮：《从现行社会工作法律法规解读我国的职业社工》，《北京青年政治学院学报》，2009 年第 4 期。

②　王云斌：《社会工作立法框架建构研究》，《社会福利(理论版)》，2012 年第 8 期，第 27 页。

③　张昱、杨超：《论社会工作立法理念》，《福建论坛(人文社科版)》，2013 年第 6 期。

④　王云斌：《社会工作立法框架建构研究》，《社会福利(理论版)》，2012 年第 8 期。

⑤　叶静漪等：《从社会立法到社会工作立法》，载民政部社会工作司编：《社会工作立法问题研究》，中国社会出版社，2011 年版。

⑥　杨超：《我国社会工作立法研究现状与展望》，《社会与公益》，2018 年第 2 期。

⑦　竺效、杨飞：《域外社会工作立法模式研究及其对我国的启示》，《政治与法律》，2008 年第 10 期。

⑧　卞文忠、曹雨露：《社会工作立法与和谐社会构建》，《人民论坛》，2011 年第 11 期中。

⑨　张青：《论社会工作立法的必要性及其推进理路》，《社会主义研究》，2011 年第 3 期。

呼声①。

社会工作立法的必要性得到学界的认可，其中关于社会工作师专门立法的需求备受关注。社会工作师立法的缺失一定意义上制约了我国社会工作的专业化与职业化的发展，迫切需要制定相关的法律制度，推动我国社会工作健康发展。

(四)社会工作立法框架及路径

关于社会工作立法框架，袁光亮从社会工作师职业法规、服务对象维权法规、社会工作中介组织规范法规的角度进行了设计②；叶静漪从社会工作师法、社会工作事业法、社会工作受助群体权益保护法的角度进行了设计，并设计了各个层次立法的制定顺序；方曙光也提出了社会工作师法、与公民相关的法律、与公民的法律的延伸型法律、社会组织法。总体看来，学界对于社会工作立法框架虽然在表述上有差异，但基本上认同社会工作立法框架由主体、对象和中介三个部分相关立法构成。

社会工作主体内容丰富，包括社会工作师人才培养(高等教育、职业教育、岗前培训和职业进修)、资格认证(注册、考核和评价)、社会工作岗位设置、劳动就业，激励保障和纪律监管，相关机构(资格认证机构、社会服务机构、纪律检查机构、行业自律机构、职业教育机构)管理等法律法规③④。法律以法律关系为调整对象，有人以法律关系为分析角度，认为我国社会工作师法的调整对象包括社会工作师、社会工作师执业机构、社会工作师组织和社会工作师管理机关的法律地位；社会工作师的法律责任；社会工作师、社会工作师职业机构、社会工作师组织和社会工作师管理机关之间的关系；社会工作师与服务对象之间的关系；社会工作师在业务活动中与有关国家机关或社会组织的关系。⑤ 何红锋等从职业比较的角度设计了职业准入、业务范围、权利和义

---

① 唐咏：《社会工作者的价值观与伦理建设——社会工作者条例权利和义务部分的建议说明》，《社会工作》，2008 年第 9 期。

② 王云斌：《社会工作立法框架建构研究》，《社会福利(理论版)》，2012 年第 8 期。

③ 叶静漪等：《从社会立法到社会工作立法》，载民政部社会工作司编：《社会工作立法问题研究》，中国社会出版社，2011 年版。

④ 王云斌：《社会工作立法框架建构研究》，《社会福利(理论版)》，2012 年第 8 期。

⑤ 任海凌：《社会工作者法刍议》，http://www.cncasw.org/pphdzl/shgzlt/lwj/200710/t20071023_2495.htm.

务、职业机构、职业监督管理、协会、法律责任和过渡措施的立法内容。①②

除了关注社会工作主体立法外，社会工作行业协会及机构立法也是重要研究议题。关于社会工作行业协会及机构调查发现立法需求是普遍的③。从典型职业立法比较角度，有人提出了协会性质、设立条件、制定章程、协会会员、协会职责内容④。社工服务机构由于地位不明确、服务领域有限、服务效果参差不齐、社会认同度低，成为社会工作事业发展的重要阻碍。高崇惠、吕涛⑤在一篇专门研究社会工作服务机构立法的报告中，对各类社会工作服务机构进行了分析，从其共同点出发，结合社会工作服务机构问题，指出社工服务机构立法包括机构法律性质与地位、机构形态、机构运营、岗位设置、业务领域、资金与资源、内部管理和责任。政府在社会工作机构发展中扮演重要角色。学者⑥提出了建立完善政府采购社工服务的法律和政策支持的建议，实证调查也发现多数调查对象认为政府应该出台对非营利组织的优惠政策⑦，以保障社会工作服务机构的资金来源。

立法活动是严谨的科学活动，必须由特定机关严格按照法定程序制定，不可能短时间完成框架内所有内容的立法。当前中国社会工作处于大发展时期，一方面需要进行立法建立社会工作制度，另一方面需要结合实际适时立法。为此，要依据社会工作发展和社会需求的迫切程度，规划立法顺序；对现有的立

---

① 何红锋、李春红：《社会工作立法研究》，载蒋昆生、戚学森主编：《中国社会工作发展报告 2009—2010》，社会科学文献出版社，2010 年版，第 42 页。

② 何红锋、刘琪、李德华等：《我国职业法律制度比较研究及其对社会工作立法的借鉴》，载民政部社会工作司编：《社会工作立法问题研究》，中国社会出版社，2011 年版，第 102 页。

③ 曲玉波、李惠、姜翠敏等：《我国社会工作者立法需求研究报告》，载民政部社会工作司编：《社会工作立法问题研究》，中国社会出版社，2011 年版。

④ 何红锋、刘琪、李德华等：《我国职业法律制度比较研究及其对社会工作立法的借鉴》，载民政部社会工作司编：《社会工作立法问题研究》，中国社会出版社，2011 年版。

⑤ 何红锋、刘琪、李德华等：《我国职业法律制度比较研究及其对社会工作立法的借鉴》，载民政部社会工作司编：《社会工作立法问题研究》，中国社会出版社，2011 年版。

⑥ 高崇惠、吕涛：《社会工作服务机构立法问题研究》，载民政部社会工作司编：《社会工作立法问题研究》，中国社会出版社，2011 年版。

⑦ 曲玉波、李惠、姜翠敏等：《我国社会工作者立法需求研究报告》，载民政部社会工作司编：《社会工作立法问题研究》，中国社会出版社，2011 年版。

法进行立、改、废，完善立法；提高立法技术，规范立法名称。① 不少学者②③认为，当前需要制定一部"低度具体"规范管理社会工作师的法律法规。即使不能立即出台法律法规，也可以通过部门规章暂时先制定行政法规层次的社会工作师规范性文件，以建立科学合理的社会工作师选拔、登记、培养、评价、使用和激励机制，完善社会工作岗位设置和社会工作人才配置机制，明确培育和社会公益性民间组织、志愿者队伍的配套政策措施。社会工作立法发展大体可分为三个阶段：第一阶段，以社会工作专业为核心，全面开展主体立法，尽快完成《社会工作师条例》；第二阶段，修改并完善事业立法和权益立法，写入社会工作内容；第三阶段，随着我国社会工作发展的不断成熟，立法技术的不断提高，最终制定统一的总纲性的《社会工作法》。但也有学者表示了异议，谢泽宪④认为，应当先出台《社会工作促进法》以及《中国社会服务法》，以促进政府职能全面转型，促进政府和民间非政府机构在社会建设上的广泛合作，协助政府打造公共服务的平台，协助政府建立购买服务的机制，为社会工作人才队伍成长和社会工作制度建设打下坚实的法律基础。只有在这部法律出台后，公共服务体系才有可能建立。而在此之后，才宜进入社会工作师法、社会工作教育法、社会工作师注册法等分支法规的立法阶段。

三、社会工作师权利义务立法研究综述

(一)社会工作师权利义务立法地位研究现状

社会工作师权利义务立法与社会工作立法相联系，社会工作立法是社会法的重要组成部分，"是规范社会工作师向受助群体提供专业的社会工作服务过程中所形成的各种社会关系的法律规范的总称"⑤。理论上，从主体、行为和对象的角度划分，社会工作立法体系可以分为社会工作师立法、社会工作事业

---

①　王云斌：《社会工作立法框架建构研究》，《社会福利(理论版)》，2012 年第 8 期。

②　王云斌：《社会工作立法框架建构研究》，《社会福利(理论版)》，2012 年第 8 期。

③　竺效、杨飞：《域外社会工作立法模式研究及其对我国的启示》，《政治与法律》，2008 年第 10 期。

④　谢泽：《广东地区社会工作立法需求状况调查及立法路径建议》，载米有录主编：《社会工作文选》，中国社会出版社，2008 年版。

⑤　叶静漪等：《从社会立法到社会工作立法》，载民政部社会工作司编：《社会工作立法问题研究》，中国社会出版社，2011 年版，第 23 页。

立法和社会工作受助者权益立法。①②　实际上，目前社会工作立法主要关注弱势群体权益保护，主体立法很欠缺，对社会工作师权益的立法保护等考虑不足。③在这样的社会工作立法体系内，社会工作师权利义务法是社会工作主体立法的重要内容，被认为是社会工作师职业立法的核心内容④⑤。实证调查也表明，业内从业人员对于社会工作师的法律地位、权利、报酬、工作条件和劳动保护最为关注⑥。即使没有指出社会工作师权利义务是社会工作师立法核心内容，多数学者⑦⑧⑨也认为社会工作师权利义务是社会工作师立法的重要部分。

（二）社会工作师权利义务立法理论基础研究现状

国内的研究并没有提出权利义务立法的理论基础，但社会工作师权利义务属于社会工作立法的理论分析从属于法学领域，目前法学界对此尚无专门论述，而社会工作界现有的研究并不深入。制度安排和社会工作立法的内容，因此可以参照关于社会工作制度与立法的研究。有人针对我国专业社会工作发展制度选择进行研究，提出我国社会工作制度需要立足于从业者现状，以本土化、协调性、实证性为原则进行制度选择。⑩有学者提出的社会工作立法几个

---

①　叶静漪等：《从社会立法到社会工作立法》，载民政部社会工作司编：《社会工作立法问题研究》，中国社会出版社，2011年版，第23页。

②　王云斌：《社会工作立法框架建构研究》，《社会福利（理论版）》，2012年第8期。

③　何红锋、李春红：《社会工作立法研究》，载蒋昆生、戚学森主编：《中国社会工作发展报告2009—2010》，社会科学文献出版社2010年版。

④　何红锋，刘琪，李德华等：《我国职业法律制度比较研究及其对社会工作立法的借鉴》，载民政部社会工作司编：《社会工作立法问题研究》，中国社会出版社，2011年版，第102页。

⑤　黎军、张旭：《社会工作师法定权利义务研究》，载民政部社会工作司编：《社会工作立法问题研究》，中国社会出版社，2011年版，第126页。

⑥　曲玉波、李惠、姜翠敏等：《我国社会工作者立法需求研究报告》，载民政部社会工作司编：《社会工作立法问题研究》，中国社会出版社，2011年版，第160页。

⑦　方曙光：《我国当前社会工作立法探究》，《黑龙江史志》，2009年第2期，第136页。

⑧　袁光亮：《浅谈如何完善我国的社会工作法规》，《现代商业》，2009年第2期。

⑨　叶静漪等：《从社会立法到社会工作立法》，载民政部社会工作司编：《社会工作立法问题研究》，中国社会出版社，2011年版，第27页。

⑩　肖小霞：《中国专业社会工作发展的制度选择研究——以社会需求和从业现状为基础》，《社会工作》，2007年9月下半月。

原则,包括服务对象利益优先满足、服务主体专业化、服务方法科学化、服务程序规范化、立法性质福利化①。

法律观是对法律的根本认识,左右立法。方曙光②最早触及社会工作立法理论原则,但也只是简单提及,因此可以借鉴李龙的人本法律观、汤黎虹的社会法理论原则("稳定政治和稳定经济体制的运行""建立和完善与经济体制、政治体制相适应的社会管理体制")以及马克思的人权观。张昱、杨超提出社会工作立法理念,系统论述了"我国社会工作立法应当坚持实质正义立法、福利性立法、社会本位立法、专业性立法和依法立法理念"。③

(三)社会工作师从业现状研究现状

徐翀在《社会工作者保护保障机制探析》一文中结合对成都地区的实证调查,指出社会工作职业保护的现状为缺乏专业领域法律法规、用人单位缺乏对社工劳动保护、社工自我保护意识差,并分析了保护机制缺乏的原因,尤其从环境、服务对象的角度分析了社会工作保护的特殊性,最后从法律层面、用人单位、社工自我、社会支持的角度提出了建议。此文关注的是社会工作师的劳动保护,是社会工作师权利立法要考虑的重要内容。④ 有人于 2000 年对上海浦东从事社会工作相关岗位的人员进行了调查,认为目前从事社会工作岗位的工作人员文化水平偏低、年龄偏大,专业知识普遍不足;社会工作在岗培训系统性和连续性缺乏;社会工作师有较低的社会地位和工作地位。⑤有人则从整体上对当前社会工作从业人员的现状进行了分析,认为我国存在两类社会工作师,分别是行政性、半专业的社会工作师和专业化社会工作师⑥。"从自身素质看从业人员组成复杂、水平参差不齐、整体素质不高。""从社会认可看职业

---

① 卞文忠、曹雨露:《社会工作立法与和谐社会构建》,《人民论坛》,2011 年第 11 期中。

② 方曙光:《我国当前社会工作立法探究》,《黑龙江史志》,2009 年第 2 期。

③ 张昱、杨超:《论社会工作立法理念》,《福建论坛(人文社科版)》,2013 年第 6 期。

④ 徐翀:《社会工作者保护保障机制探析》,《中国青年政治学院学报》,2012 年第 6 期。

⑤ 张乐天、张粉霞:《社会工作职业现状与对策思考——"上海市浦东新区社会工作职业化"调查与分析》,《社会科学》,2002 年第 2 期。

⑥ 王思斌:《我国社会工作在转型社会中的社会责任》,载王思斌:《转型期的中国社会工作》,华东理工大学出版社,2003 年版。

地位不确定、社会地位不高。"①以上所述的社会工作师从业现状是我国社会工作师立法的现实基础。

(四)社会工作师法定权利义务研究现状

目前，我国专门研究社会工作师法定权利义务的文章仅有几篇。中国人民大学法学院黎明的硕士学位论文②探讨了我国社会工作师职业立法的内容，其中涉及社会工作师的行为规范与法律责任，其缺憾在于一是行为规范中并未提及社会工作师的权利；二是只是提出了社会工作师行为守则需要完善的内容，并没有从法律角度讨论。唐咏③提出了我国社会工作师条例权利义务建议，但实际上作者混淆了法定权利义务和社会工作伦理。黎军、张旭④则通过比较《律师法》《执业医师法》等类似职业权利义务的规定并结合对深圳的调查提出建议，这一研究从比较视角结合实际，有参考价值，但研究者缺乏法理视角，对域外的借鉴不充分，对社会工作师的特殊性的认识仍然不足，社会工作权利义务本土化等也没有讨论。

具体说来，目前学者提出的社会工作师有告知义务⑤⑥、保密义务⑦⑧⑨、

① 鲁春霞：《论我国社会工作从业人员的专业化建设》，《北京科技大学学报(社会科学版)》，2004 年第 9 期。

② 黎明：《我国社会工作者职业立法探索》，中国人民大学，2008 年硕士学位论文。

③ 唐咏：《社会工作者的价值观与伦理建设——社会工作者条例权利和义务部分的建议说明》，《社会工作》，2008 年第 9 期。

④ 黎军、张旭：《社会工作者法定权利义务研究》，载民政部社会工作司编：《社会工作立法问题研究》，中国社会出版社，2011 年版，第 127～133 页。

⑤ 唐咏：《社会工作者的价值观与伦理建设——社会工作者条例权利和义务部分的建议说明》，《社会工作》，2008 年第 9 期。

⑥ 黎军、张旭：《社会工作者法定权利义务研究》，载民政部社会工作司编：《社会工作立法问题研究》，中国社会出版社，2011 年版，第 127～133 页。

⑦ 唐咏：《社会工作者的价值观与伦理建设——社会工作者条例权利和义务部分的建议说明》，《社会工作》，2008 年第 9 期。

⑧ 何红锋、李春红：《社会工作立法研究》，载蒋昆生、戚学森主编：《中国社会工作发展报告 2009—2010》，社会科学文献出版社，2010 年版，第 42 页。

⑨ 黎军、张旭：《社会工作者法定权利义务研究》，载民政部社会工作司编：《社会工作立法问题研究》，中国社会出版社，2011 年版，第 127～133 页。

尊重培育案主自决义务①、撰写和保存社会工作记录义务②③、遵守法律和职业守则的义务④⑤⑥、改变和拒绝提供服务的权利⑦、合理工作条件或者职业保障权⑧⑨⑩、继续教育的权利⑪⑫⑬、请求有关部门或单位依法给予必要协助

① 唐咏：《社会工作者的价值观与伦理建设——社会工作者条例权利和义务部分的建议说明》，《社会工作》，2008 年第 9 期。
② 何红锋、刘琪、李德华等：《我国职业法律制度比较研究及其对社会工作立法的借鉴》，载民政部社会工作司编：《社会工作立法问题研究》，中国社会出版社，2011 年版，第 102 页。
③ 黎军、张旭：《社会工作者法定权利义务研究》，载民政部社会工作司编：《社会工作立法问题研究》，中国社会出版社，2011 年版，第 127~133 页。
④ 何红锋、刘琪、李德华等：《我国职业法律制度比较研究及其对社会工作立法的借鉴》，载民政部社会工作司编：《社会工作立法问题研究》，中国社会出版社，2011 年版，第 102 页。
⑤ 任海凌：《社会工作者法刍议》，《第二届中国社会工作论坛暨第五次内地与香港社会福利发展研讨会论文集(内地部分)》，2004 年。
⑥ 黎军、张旭：《社会工作者法定权利义务研究》，载民政部社会工作司编：《社会工作立法问题研究》，中国社会出版社，2011 年版，第 127~133 页。
⑦ 唐咏：《社会工作者的价值观与伦理建设——社会工作者条例权利和义务部分的建议说明》，《社会工作》，2008 年第 9 期。
⑧ 唐咏：《社会工作者的价值观与伦理建设——社会工作者条例权利和义务部分的建议说明》，《社会工作》，2008 年第 9 期。
⑨ 何红锋、刘琪、李德华等：《我国职业法律制度比较研究及其对社会工作立法的借鉴》，载民政部社会工作司编：《社会工作立法问题研究》，中国社会出版社，2011 年版，第 102 页。
⑩ 黎军、张旭：《社会工作者法定权利义务研究》，载民政部社会工作司编：《社会工作立法问题研究》，中国社会出版社，2011 年版，第 127~133 页。
⑪ 唐咏：《社会工作者的价值观与伦理建设——社会工作者条例权利和义务部分的建议说明》，《社会工作》，2008 年第 9 期。
⑫ 黎军、张旭：《社会工作者法定权利义务研究》，载民政部社会工作司编：《社会工作立法问题研究》，中国社会出版社，2011 年版，第 127~133 页。
⑬ 何红锋、刘琪、李德华等：《我国职业法律制度比较研究及其对社会工作立法的借鉴》，载民政部社会工作司编：《社会工作立法问题研究》，中国社会出版社，2011 年版，第 102 页。

的权利①②、人格尊严与执业安全权③④、依法执业受法律保护的权利⑤⑥、维护受助者合法权益的权利⑦⑧⑨、解释和申辩或申诉的权利⑩⑪。此外，唐咏提出了社会工作师不得因费用拖延引导、不得产生非专业关系、不得损害职业，社会工作师应对同事、对机构、对公众和社会具有义务。⑫任海凌提出接受国家和社会及当事人的监督义务。⑬何红锋等提出社会工作师有服从突发事件应对安排的义务，享有按照国家有关规定获得与本人业务能力和专业水平相应的

①　何红锋、刘琪、李德华等：《我国职业法律制度比较研究及其对社会工作立法的借鉴》，载民政部社会工作司编：《社会工作立法问题研究》，中国社会出版社，2011年版，第102页。

②　黎军、张旭：《社会工作者法定权利义务研究》，载民政部社会工作司编：《社会工作立法问题研究》，中国社会出版社，2011年版，第127~133页。

③　何红锋、刘琪、李德华等：《我国职业法律制度比较研究及其对社会工作立法的借鉴》，载民政部社会工作司编：《社会工作立法问题研究》，中国社会出版社，2011年版，第102页。

④　黎军、张旭：《社会工作者法定权利义务研究》，载民政部社会工作司编：《社会工作立法问题研究》，中国社会出版社，2011年版，第127~133页。

⑤　任海凌：《社会工作者法刍议》，《第二届中国社会工作论坛暨第五次内地与香港社会福利发展研讨会论文集(内地部分)》，2004年。

⑥　黎军、张旭：《社会工作者法定权利义务研究》，载民政部社会工作司编：《社会工作立法问题研究》，中国社会出版社，2011年版，第127~133页。

⑦　唐咏：《社会工作者的价值观与伦理建设——社会工作者条例权利和义务部分的建议说明》，《社会工作》，2008年第9期。

⑧　黎军、张旭：《社会工作者法定权利义务研究》，载民政部社会工作司编：《社会工作立法问题研究》，中国社会出版社，2011年版，第127~133页。

⑨　何红锋、刘琪、李德华等：《我国职业法律制度比较研究及其对社会工作立法的借鉴》，载民政部社会工作司编：《社会工作立法问题研究》，中国社会出版社，2011年版，第102页。

⑩　唐咏：《社会工作者的价值观与伦理建设——社会工作者条例权利和义务部分的建议说明》，《社会工作》，2008年第9期。

⑪　何红锋、刘琪、李德华等：《我国职业法律制度比较研究及其对社会工作立法的借鉴》，载民政部社会工作司编：《社会工作立法问题研究》，中国社会出版社，2011年版，第102页。

⑫　唐咏：《社会工作者的价值观与伦理建设——社会工作者条例权利和义务部分的建议说明》，《社会工作》，2008年第9期。

⑬　任海凌：《社会工作者法刍议》，《第二届中国社会工作论坛暨第五次内地与香港社会福利发展研讨会论文集(内地部分)》，2004年。

专业技术职务、职称的权利以及受表彰权利。①②黎军、张旭认为我国社会工作师还享有一定范围内的处置权、政策倡导权。③

叶静漪等在谈及社会工作事业立法、权益立法时，指出应该增加条文明确社会工作师的职能、权限④，这实际上也是社会工作师的权利问题。由于社会工作师在不同领域工作，面对各类群体，因此不同岗位的社会工作师的权利义务实际上是有差异的，分类进行权利义务的设计也是值得研究的一个问题。

在权利义务体系的架构上，以上学者并没有从体系的角度展开，有的学者认为，"社会工作师法是国家制定的，规定社会工作师、社会工作师事务所和社会工作师管理机构的法律地位及其相互关系以及社会工作师进行业务活动所必须遵守的行为规范的总称"⑤。也就是说是可以从法的调整对象角度来分析，虽然作者并没有展开，但对构建社会工作师权利义务体系是具有启发的。

四、对现有研究的评价及研究趋势

(一) 现有研究评价

首先，比较研究是学者采用的主要的研究方法，但是历史研究视角缺乏，包括立法阶段性的研究尚属空白。比较研究上，对于比较研究的国家还是不全面，主要集中在美洲国家，对于欧洲和亚洲研究还不多。其次，立法的细节上还有不少问题有待探讨，比如特定权利与义务的范围、权利救济方面、社会工作者还是社会工作师的称谓的争议、法律的衔接问题等。何红锋在《我国职业法律制度比较研究及其对社会工作立法的借鉴》中较系统地提出了社会工作师立法要解决的一些问题。再次，目前对于社会工作独特性的认识还不充足，现

---

① 何红锋、李春红：《社会工作立法研究》，载蒋昆生、戚学森主编：《中国社会工作发展报告2009—2010》，社会科学文献出版社，2010年版，第42页。

② 何红锋、刘琪、李德华等：《我国职业法律制度比较研究及其对社会工作立法的借鉴》，载民政部社会工作司编：《社会工作立法问题研究》，中国社会出版社，2011年版，第102页。

③ 黎军、张旭：《社会工作者法定权利义务研究》，载民政部社会工作司编：《社会工作立法问题研究》，中国社会出版社，2011年版，第127~133页。

④ 叶静漪等：《从社会立法到社会工作立法》，载民政部社会工作司编：《社会工作立法问题研究》，中国社会出版社，2011年版，第33页。

⑤ 任海凌：《社会工作者法刍议》，《第二届中国社会工作论坛暨第五次内地与香港社会福利发展研讨会论文集(内地部分)》，2004年。

有的实证不具有全国范围的代表性。最后，关于社会工作师立法的法理分析较少，包括法律理论基础、立法原则等。这些都为进一步研究社会工作立法提供了空间。

聚焦于本书所关注的社会工作师的权利义务立法来说，我国社会工作师权利义务研究不足，主要问题如下：

第一，缺乏足够的理论基础。社会工作师权利义务研究需要法学理论、社会工作理论等支撑，现有理论缺乏，社会工作权利义务研究深度性不强，说服力不足。

第二，对权利立法的研究不够重视。现有的研究比较重视社会工作师的义务研究，国外相关规定也多为义务。我国社会工作师尚处于起步阶段，更加需要权利保障。因此研究的聚焦点应当转向于社会工作师权利方面。

第三，目前对社会工作师权利义务的构建缺乏逻辑性或者体系性。当前的研究借鉴国外或者域外立法，参照我国其他职业立法经验，为社会工作师权利义务设定提供了依据，但是缺乏理论视角或者逻辑将所有的权利义务统筹成为一个体系。

第四，对域外社会工作行为规范的借鉴未充分展开。当前的移植工作还处于整体移植，尚缺乏细致性，对社会工作师权利义务的细致借鉴不足。精准化的研究尚有较大的空间。

第五，社会工作师权利义务本土化问题未得到充分重视。中国社会工作特殊发展阶段、我国特殊国情等要求社会工作权利义务从本土实际出发，而从法律角度考虑社会工作师行为规范本土化研究较为鲜有。

第六，对社会工作的特殊性研究不足。采用职业比较研究法既要关注不同职业之间的职业共性，也要关注社会工作职业特性。目前相关的研究人员多为法律专业出身，对社会工作的特点理解得还不深入，因此对于社会工作的适切性有待提升。

第七，社会工作法定权利义务与社会工作伦理关系尚未理清。社会工作领域比较强调社会工作价值和伦理，而立法与伦理道德的关系是怎样的，哪些应当进入法律层面，这些成为要关注的问题。现有的一些关于职业义务的讨论，有将社会工作法定权利义务与社会工作伦理的关系混淆者，因此二者的关系还有待于进一步厘清。

第八，在研究方法上，目前实证研究在全国范围开展的议题是社会工作立法需求，而对权利义务内容的实证研究只在深圳开展。现有的研究成果也提出当下中国社会工作师权利义务需要以全国为对象，整合多种研究方法，然而国内这类研究的实质推动还未充分展开。

(二)研究趋势

随着我国社会工作的发展,急需一部社会工作师法出台,而核心内容的社会工作师权利义务内容立法和研究更加迫切。社会工作权利义务立法课题是一个交叉学科,需要法学和社会工作学科知识。当前的研究比较粗糙,系列问题还没有得到充分重视,未来研究将要求研究人员能够进行跨学科分析,融合社会工作与法理分析。域外移植研究将更加细致,本土化研究的要求愈加强烈,要求研究能够借鉴域外社会工作立法与兼顾本土特性。同时中国社会工作处于迅速发展中,研究应当立足现实又兼顾未来发展,既借鉴职业经验又考虑社会工作职业特殊性等。

第三节 研 究 设 计

本书的研究目标在于通过法学理论分析权利义务,借鉴类似职业权利义务立法又兼顾社会工作职业特殊性,吸收域外社会工作师权利义务立法经验又符合本土特色,立足中国社会工作当前实际又着眼于未来发展,恰当处理法律与伦理关系,最终形成适合中国的社会工作师权利体系和义务体系。

具体说来,本书首先总结我国社会工作师权利义务立法背景,包括本书选题的背景、现有的文献研究综述、课题研究的意义。之后以关系性视角为研究取向,从社会治理的关系性、立法的关系性、社会工作师权利义务立法的关系性逐步演绎,指出研究法学中立法的理论、权利义务结构理论等,发展出指导社会工作权利义务立法的理论,从理论上确定社会工作师权利义务结构。然后,对我国社会工作师场域特性进行整体分析,探讨了社会工作师的所处场域的政治、文化、实践和关系性质。进而,运用比较法,借鉴律师、教师、执业医师等职业权利义务立法的经验,并且考察社会工作职业的特殊性,思考职业比较的社会工作师权利义务立法内容;分析中国台湾、中国香港、日本、加拿大、美国、南非等地区或国家的社会工作师行为规范,梳理我国本土特性研究,思考中外比较法下的社会工作师权利义务立法内容。在此基础上,梳理相关文献,以整体了解我国社会工作师的从业现状、权利义务法定现状;考察未来社会工作发展趋势,在立足现实又兼顾未来的视角下提出社会工作师权利义务法定的内容。当然,在研究中不可回避社会工作伦理与社会工作师权利义务关系,本书将研究如何避免冲突,找到平衡点,最终实现本书的研究目标。

第四节　研 究 意 义

对现有文献进行梳理发现，社会工作师权利义务立法研究作为一个交叉学科研究议题，现有的研究比较稀少。本书的研究将有助于丰富法学界和社会工作界的研究，提供更深入的思考，引发学界的关注，并为学界更加深入的研究提供基础。

本书同时作为一个立法研究课题，试图提供深入而切合实际的研究成果。这能够为国家或地方社会工作主体立法提供参考，促进社会政策或社会工作立法的推进。

社会工作权利义务立法是社会工作立法的核心内容，作为社会工作立法体系的重要组成部分，研究这一内容有利于完善权利义务立法，对推进社会工作法制、完善社会工作法律体系都具有积极意义。

社会工作师权利义务是对社会工作师、服务对象、社会工作服务机构、政府等对象之间法律关系的确定，研究社会工作师权利义务关系，有助于厘清多个对象关系，规范各自行为。对于社会工作师来说，这有助于减少社会风险和成本，提升社会地位，保护个人尊严和职业安全，发挥专业作用。对于服务对象来说，法定的社会工作师义务可以防范社会工作师利用职务便利侵犯服务对象利益，保护服务对象的合法权益。对于社会工作本身来说，有助于引领职业化、专业化、法治化发展。

第二章　研究取向：关系性视域

社会工作师权利义务立法从属于社会治理、法治的宏观背景下。从关系性视域出发，社会治理和法治也是关系性的。这为从关系性视域研究社会工作师权利义务立法奠定了基础。

第一节　社会治理的关系性①

随着中国城镇化、工业化和市场化进一步推进，社会的复杂性、风险性等加剧，中国政府提出了社会治理的战略任务。中国背景下的社会治理以发展与秩序为中心②，关乎合法性与有效性③，其重要性不言而喻。值得注意的是，新时代背景下的社会治理已经渗透到社会科学的各个领域，从一个普通概念上升为一种范式。近年来，国内学界围绕社会治理的研究问题也基本上分为两个类别——社会治理的元问题和实践问题④。社会治理的元问题是对社会治理的哲学基础、社会治理的结构、内涵等根本性问题的讨论，从深层次上制约着社会治理实践的取向与成效。但总体来说，国内的研究成果集中于后者，而对前者的关注不足。

徐勇首先将 Governance 翻译成治理。治理作为一个弹性和灵活的概念，

---

① 本节部分是根据作者已发表的论文的修改。杨超：《迈向关系性社会治理：一个元框架的建构》，《华东理工大学学报(社会科学版)》，2019 年第 1 期。

② 冯仕政：《当代中国的社会治理与政治秩序》，中国人民大学出版社，2013 年版，第 14 页。

③ 蔡禾：《国家治理的有效性与合法性——对周雪光、冯仕政二文的再思考》，《开放时代》，2012 年第 2 期，第 135 页。

④ 张昱、曾浩：《社会治理治什么》，《吉林大学社会科学学报》，2015 年第 5 期，第 4 页。

基本要素有三个：治理主体、治理方式和治理效果①。国家治理、政府治理和社会治理是治理领域的关键性范畴，社会治理是面向社会领域的治理。② 相对于管理，治理更强调治理方式上的引导、协商、沟通和参与，以及治理效果上的共识、合作共赢和良性互动。③ 治理是随着公民社会的兴起而出现的，由国家的单向管理转向政府、市场、社会等多元主体合作治理被认为是治理的核心。然而，社会治理概念有着潜在价值倾向，就是在将管理和治理进行对立，仿佛强调治理一方就必然意味着对管理的否定或者贬低。这可能与我们的语言适合于表达实体概念而不适合表达关系性概念有关。④ 更深层次的原因是我们的实体论思维方式。由于治理概念的广泛使用以至于滥用，似乎正在宣示"多元合作"时代的到来，以至于多元合作应当成为当下唯一的"政治正确"。然而，回到现实，管理在特定领域依然焕发生机。回应理论上的对立，需要返回社会治理的哲学基础。

一、社会治理的哲学基础：实体论与关系论

（一）从实体论到关系论

实体论思维是我们认识世界的重要方式，它将事物想象成具有独立边界、结构和逻辑的实体，这意味着实体内部是统一的，外部是独立和自主的。实体论由此认为关系是第二位的，是实体产生的。关系论则主张对社会世界的解释必须从个人、团体和社会的关系中展开，关系是第一位的，而实体是关系的"结节"。关系论既不否定个人也并不否认整体，但是描述个人与整体需要从关系出发。因此，关系论下分析的单位应该是一般关系中的个人和特定关系的人们，而不是个人或情境，社会互动的基本特点就是相互性。⑤ 研究社会行动

①　徐勇：《GOVERNANCE：治理的阐释》，《政治学研究》，1997 年第 1 期，第 63 页。

②　王浦劬：《国家治理、政府治理和社会治理的含义及其相互关系》，《国家行政学院学报》，2014 年第 3 期，第 13 页。

③　徐勇、吕楠：《热话题与冷思考——关于国家治理体系和治理能力现代化的对话》，《当代世界与社会主义》，2014 年第 1 期，第 6 页。

④　[法]布迪厄、华康德：《实践与反思：反思社会学导引》，李猛、李康译，中央编译出版社，2004 年版，第 16 页。

⑤　何友晖、彭泗清：《方法论的关系论及其在中西文化中的应用》，《社会学研究》，1998 年第 5 期，第 35 页。

往往要延伸到：此人的行动、与此人关系密切相关的他人的行动、正在与此人互动的他人针对此人的行动、与正在与此人互动的他人关联密切的那些人针对此人的行动、正在与此人进行直接或间接的互动的他人针对那些与此人关联密切者的行动①。总而言之，方法论的关系论以场论为理论基础，以个体处于社会网络中为理论预设。对于社会治理来说，治理主体之间的协商、合作关系不过是其中的一个部分，而与多类治理主体互动的治理对象关系、治理对象之间的关系等也是关系论所主张的。这就意味着更多的关系要卷入其中。

值得强调的是，关系论与互动论并不相同。实体论可以分为三大类：自我行动(self-action)、规范基础(norm-based)和互动(inter-action)三大实体取向。②自我行动实体取向认为，事物有自己的意志，事物的自我意志造就了其自身的行动结果。规范基础实体取向则否认自我行动实体取向关于具有事物自由意志、自我监控的假设，认为行动者的行为不过是遵守社会规范，内化社会规范的结果。个体互动实体取向假设事物是由不同元素构成，通过分析事物不同元素或者变项之间的关系来分析事物之间的关系。这种互动实体取向看似注意到事物之间的关系，但属于事物内在发出的关系，保留了事物实体第一位的特性本质，依然属于实体论的行列。在关系论看来，事物之间既有一定的独立性，同时又相互援引对方的原则、相互渗透、彼此关联、相互塑造。这三种类型与布迪厄所拒绝的方法论上的个人主义、整体主义和情境主义相对应。其中，情境主义互动论只是虚假的超越，其分析的核心单元是由情境定位的互动产生的自然特性。③ 关系论的超越实质体现在事物外在的网络化分析，而且置于动态的过程展开。

(二) 社会治理的关系论反思

对于社会治理，传统的研究主要采用国家-社会或者国家-市场-社会的分析框架。无论哪一种划分，这些主张背后有一个看似不证自明的假设就是国家、市场和社会是独立的实体，然后由这些实体产生治理主体之间的关系，而这种互动关系经历着从管理到合作的线性演变。但这种立场并不能全面反映社会治

---

① 何友晖、彭泗清：《方法论的关系论及其在中西文化中的应用》，《社会学研究》，1998 年第 5 期，第 35~36 页。

② Emirbayer M. *A Manifesto for a Relational Sociology*. American Journal of Sociology, 1997, 2(103), pp. 281-317.

③ ［法］布迪厄、华康德：《实践与反思：反思社会学导引》，李猛、李康译，中央编译出版社 2004 年版，第 69 页。

理的实践。有学者反思了实体论的不足①，这一方面遮蔽了对治理主体、治理对象内部分化极复杂关系的关照；另一方面由于实体论假定实体的边界是封闭的，因此关系只能是互动式的，而不能相互渗透、相互创造以至相互转化。

正如 Emirbayer 所指出的，关系论提供了一种新的方式，有助于社会学中的核心概念如权力、平等、自由和组织等概念的重新界定②。也有学者开始尝试将关系论引入社会治理。例如，王思斌借用布迪厄的场域理论，认为社会治理就是一个由治理关系和治理实践结合而形成的场域，社会治理主体间的关系称为治理关系③。王思斌的这种看法展现了关系的思维，但依然只是强调了治理主体的关系，对于其他关系有所忽略；再者，治理实践是治理主体对于治理对象的实践，社会治理到底"治理"什么是一个看似简单但并没有得到较好回答的问题。对此，张昱、曾浩④认为，传统的研究将特殊的问题、事务、活动、人群等作为社会治理的对象并不恰当，而社会治理治的应是社会需求和社会需求供给。然而，如果我们继续追问，社会需求的产生又是从哪里而来的呢？"社会性"是需求背后的基本假设，但这种基本假设还没有得到作者的充分讨论。可见，关系论是当前研究的重要趋势之一，是弥补实体论不足的重要路径。然而，目前的关系论的社会治理的研究还未完成。从关系视角如何全面地界定社会治理？进一步来说，如果我们从关系视角出发来看待治理主体的关系、治理对象关系，那么社会治理所"治"所"理"的关系要达到什么状态才是合适的呢？这些关系有着怎样的空间和限度呢？回答这些问题，意味着我们需要重新对社会治理的概念进行建构。

二、关系性社会治理的概念建构

(一)关系性社会治理的三维空间

马克思在构建社会空间时强调社会关系是社会空间的形式和实质内容。人

---

① 肖瑛对国家、社会的实体论进行了总结性地批判。参见肖瑛：《从"国家与社会"到"制度与生活"：中国社会变迁研究的视角转换》，《中国社会科学》，2014 年第 9 期。

② Emirbayer M. *A Manifesto for a Relational Sociology*. American Journal of Sociology，1997，2(103)，pp. 281-317.

③ 王思斌：《社会工作参与社会治理的特点及其贡献——对服务型治理的再理解》，《社会治理》2015 年第 1 期，第 51 页。

④ 张昱、曾浩：《社会治理治什么》，《吉林大学社会科学学报》，2015 年第 5 期，第 145 页。

的社会活动创造了社会空间的"类特性"，这种自由自觉的特性是为我而存在的。反之，则进入动物的关系，而绝非人类的关系中，也就不存在社会空间。社会空间的异化是人与社会空间的分离与对立，① 改造这种异化就需要回到人的类特性上。对于社会治理来说，治理就是对社会空间的治理，也是对社会关系的治理，要回到人的活动之中，回到人的类特性上。那么社会治理的空间构成是怎样的呢？

依据治理中关系的位置，社会治理的行动者主要有两类：治理主体和治理对象。治理主体和治理对象也分别形成了各自的关系网络，但是二者的关系网络并不一一对应国家与社会。治理主体和治理对象具有变动性。在治理主体/治理对象的分析框架内，国家可以成为治理主体，但是在国家治理中，地方政府或官员也可以成为上级政府的治理对象；社会既可以作为治理对象，也可以成为治理主体。这一新的分析框架的意义在于可以穿入国家、社会的内部，形成一个更为弹性的框架。依据治理主体和治理对象可以形成如图 1 所示的三维划分。

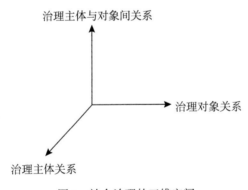

图 1　社会治理的三维空间

具体而言，社会治理的三维空间是由三个层面的关系交织而成的。首先是治理主体之间的关系。依据不同的传统分析范式，治理主体关系可以包括国家与社会之间的互动关系，或者国家、市场、社会之间的互动关系，同时也可以包括国家内部的治理主体关系。其次，治理对象之间也形成了不同的关系，这些关系与治理主体的关系既有所区分又不可分割。社会治理理念的提出从根本

① 张康之：《基于人的活动的三重空间——马克思人学理论中的自然空间、社会空间和历史空间》，《中国人民大学学报》，2009 年第 4 期，第 63 页。

上来说是治理对象关系的变革导致的。最后是治理主体和治理对象之间的关系。正是这三种基本类型的关系纵横交错构建了社会治理的空间。相对于以往对社会治理的界定，三重关系交织的社会治理是一种"关系性社会治理"，体现了关系论的取向。

（二）关系性社会治理的动态平衡

"关系性社会治理"的空间并非静态的，而是流动的，诉求一种动态平衡。平衡的法则与中国传统的"中庸之道"有着密切的关系。中庸之道并非简单的和稀泥、妥协主义，而是包括"中"与"和"两个层面。"中"指恰如其分，不走极端；"和"则是从整全观出发，谋求行动体系和谐共处，贯穿二者的是一种节制心态。① 中庸既是社会治理的目标，也是社会治理的行动原则。无论是治理对象关系，还是治理主体关系，抑或治理主体与治理对象关系，都以"动态平衡"为诉求。最终交织呈现一种"动态平衡治理"，展现三重意蕴。

首先，以整全观看待社会治理。在关系论视角下，首先要扩展对社会治理的认识范围，以治理主体-治理对象为框架，构建一个更为一般性的治理框架。这一框架将隐藏背后的治理对象回归到关系中心位置，将遮蔽的政府背后的政党重新纳入治理主体关系网络中。换言之，平衡并非单纯的国家与社会互动关系的平衡，而是一种网络式的平衡。正是在治理网络的层面，治理关系也呈现刚柔相济、阴阳互补。单一的合作关系抑或管理关系偏离了整全观的视野。

其次，从限度上来说，平衡治理反对过度治理、简约治理。鲍曼的园艺式治理以管理者为中心，缺乏系统思维，会带来诸如"种族灭绝"等危害。即使实施起来，治理成本也无法承担。传统的社会治理分析框架存在"去治理对象"的倾向，治理对象关系在流动性与固定性、分化与整合方面存在着巨大的差异，深刻地影响治理主体关系、治理主体与治理对象关系。缺乏对于这种治理对象关系的差异性的审视，我们可能走向过度治理。与之相对的另一极端是简约治理，可能带来社会安全与稳定的巨大风险。类似于黄宗智提出的"集权简约治理"②，平衡治理是一种居于两端之间的治理形态。

最后，从灵活性上来说，动态平衡治理倡导基于治理情境的灵活治理策

① 张德胜、金耀基、陈海文等：《论中庸理性：工具理性、价值理性和沟通理性之外》，《社会学研究》，2001年第2期，第41页。
② 黄宗智：《集权的简约治理——中国以准官员和纠纷解决为主的半正式基层行政》，《开放时代》，2008年第2期，第10页。

略，强调动态性。从治理主体关系看，走向平衡治理，不仅要平衡政府内部的利益关系，也要平衡政府与社会组织的关系。因此，跨部门、跨界的联合机制安排成为重要选择。在治理主体关系中，中国共产党作为"泛利性组织"①，实际扮演着治理主体之间的平衡体角色。发挥政党的整合作用，从治理主体与治理对象关系看，走向平衡治理，需要平衡治理的具体方式，在直接生产服务与间接生产服务、管理与服务方式之间灵活调试。

三、关系性社会治理的分析框架

（一）治理对象关系

治理对象的关系是关系性社会治理的逻辑起点。治理对象间的关系处于动态变化中，在固态与流动、细分与整合之间变动。

1. 治理对象关系：固态与流动之间

当代越来越多的社会学家从一般意义上使用"流动"概念。相对于涂尔干的社会实体论，塔尔德认为社会本质是一种联系，一种"循环的流动"。后续出现了拉图尔的行动者网络理论、鲍曼的"流动的现代性"、Urry "流动社会学"。"流动"已经被置于现代社会分析的中轴概念。"流动"分析性概念的意义在于启发我们反思固态的社会想象，而实际上"根本不存在社会这种东西，社会是许多异质性事物之间的联系"②。当代中国一方面人们从原有的单位制、土地的束缚中解放出来，出现了农民进城务工、人口大规模流动的现象。另一方面，城市之间、同城内部的流动也加速进行，整个社会展现了流动的大潮。在此之中，人的思维展现了实用主义的碎片化、行为出现无规范性，秩序扰乱、不确定成为常态。鲍曼主张以"固态/流动现代性"来替代"现代性/后现代性"的分析框架。③

对于当下的中国来说，固态抑或流动都不足以解释中国复杂的治理对象关系特征。实际上，当代中国社会正处于从固态社会转向流动社会的过渡阶段。在某种意义上，中国社会的治理对象处于固态与流动之间。对于流动的个体来

---

①　权衡：《共容性组织与激励性增长：超越"政府-市场"的分析逻辑——政党功能的经济学思考》，《学术月刊》，2011 年第 6 期，第 71 页。

②　吴莹、卢雨霞、陈家建等：《跟随行动者重组社会——读拉图尔的〈重组社会：行动者网络理论〉》，《社会学研究》，2008 年第 2 期，第 221 页。

③　[英]齐格蒙特·鲍曼：《流动的现代性》，欧阳景根译，上海三联书店，2002 年版，前言第 3 页。

说，流动性将个体从原有的束缚中解放出来，主体性凸显，人们在关系网络中不断变化位置，寻求自由的发展，也为新的社会关系建立提供了无限的可能。流动性，作为一个持续的动力无可避免。然而，从熟人社会进入陌生人社会，人与人之间的关系发生了质的变化，不安全感、焦虑孤独弥散在社会中；同时在人际关系上还停留脱离原有的亲缘、地缘关系，而与新的社会关系如何相处缺乏规范性。

2. 治理对象关系：细分与整合之间

正因流动的特性，"所有的社会集合体都在不断产生、消失、分类和重置，所以应当追溯行动者在聚合和分解群体的活动中留下的种种踪迹"①。我们所能观察到的是只有流动的关系。行动者处于不同的行动流中。当行动者流入市场交易的关系情景中，行动者就参与到市场领域，产生了经济关系。当行动者进入法律诉讼中，行动者就参与到法律领域，产生了法律关系。以此类似，行动者不断地在时间的流动中与空间的转动中进入不同的关系项，参与了不同的关系类型。公安机关、检察院、法院等法律实务部门参与法律关系的社会治理，心理咨询师等参与心理关系的治理，医生、护士等参与生理关系的治理，行政部门参与政治关系的治理，等等。随着社会分工的日益精细，流动的行动者会进入更为丰富的关系类型。在关系论下，治理对象的认知也是在不断分化的关系项中界定的。

在关系的细分中，治理对象的关系项也有整合的内在需求。马克思所谓的"人本质上是社会关系的总和"，强调人是不同的关系网络的聚合体。然而，这个关系网络能够聚合在一起，并非机械地堆积，而是需要从人的身心灵，从生理、心理和社会，从情理法等进行多维度、多层次的有机协调。在当代社会分化越发复杂的情形下，治理对象的关系整合面临着挑战。社会工作职业的独特性就在于完成这种关系网络的"有机聚合"，或者说促进"关系之和"的实现。然而，也正是由于社会工作师并没有一个专属的特定性质的关系可以占有，这种特殊性导致人们容易怀疑社会工作的专业性。从某种意义上说，社会工作参与社会治理的对象正是总体性的关系。流动社会学的核心概念之一是液态角色，而社会工作师就是在扮演这种角色②。

---

① 吴莹、卢雨霞、陈家建等：《跟随行动者重组社会——读拉图尔的〈重组社会：行动者网络理论〉》，《社会学研究》，2008 年第 2 期，第 223 页。

② 顾东辉：《"三社联动"的内涵解构与逻辑演绎》，《学海》，2016 年第 3 期，第 104页。

(二)治理主体间的关系

治理对象关系的变化从根本上导致了治理主体关系的变迁。在中国的语境下，治理主体关系形式从互动走向网络化，在政党-国家-社会的三元分析框架下，治理主体关系既遵循着遣使-受任的形式，也表现出弹性的自主性。

1. 从互动到网络

国家-社会二分法是西方社会治理的主流范式，然而从关系论的角度看，将政党纳入国家，遮蔽了中国共产党与社会治理的重大关联。不同于西方民主化和市场化的治理逻辑，中国式治理则是以发展与秩序为中心，中国共产党在此逻辑中发挥极为重要的作用。东西方治理理念分殊的关键点在于政党与国家、社会的独特权力关系。"在中国，中国共产党……作为领导的力量，可以不依赖政治制度，即国家制度，而拥有实际的政治力量。所以在中国政治中，党的权力与国家权力之间虽有部分重叠，但两者之间还是相对独立的。"①基于中国共产党的特殊地位，国家与社会关系有着两大特殊性。其一，中国共产党可以通过集权将国家、社会的关系网络统一在自身的权力和组织范围内；其二，在分权的情形下，国家与社会的二元化也只能在中国共产党的权力组织网络范围内，而不可能达到西方式或者理论预期的状态。② 这种现实前提将会导致中国的治理主体关系有着特殊的限度与空间；不能把握政党对于社会治理的关系与逻辑，是无法触及中国特色社会治理的根本的。无疑，在西方语境下，国家-社会分析框架并不能充分承载这些特殊性。

关系论下，需要将中国共产党纳入视野中，形成政党-国家-社会的三元分析框架。三者形成了同心圆，并构建了一个权力的关系网络。"党委领导、政府负责、社会协同、公众参与、法治保障"的社会治理体制，也反映了治理主体权力的差序格局。其核心是中国共产党，向外依次由政府、社会组织、社会公众。虽然从社会管理走向社会治理，强调社会组织作为治理并行主体之一，但是这种权力的赋予来源于政府的让权，是政府主动推进"放管服"变革的结果，而背后的意志来源于政党。执政党作为社会治理的领导力量，而统领政府、社会力量。中国共产党也通过一系列措施推进国家、社会的整合。首先，

---

① 林尚立：《中国共产党与国家建设》，天津人民出版社，2009 年版，第 157~158 页。

② 孙培军：《以政党为中心：中国社会抗争治理结构研究》，博士学位论文，复旦大学国际关系与公共事务学院，2011 年，第 93 页。

党管干部的机制推进政府、群团组织整合①。其次，政党作为联结国家与社会的桥梁，通过8000万党员的组织网络联结了政府、社会组织与社会大众。最后，国家、社会之间的互动机制也促进了这种网络的关联。

2. 遣使-受任与弹性自主

与世界上其他政党相比较，中国共产党有着自己清晰的使命。作为革命党，中国共产党以民族解放为使命，走向执政党后以国家富强、民族复兴为历史使命。中国的成长是中国共产党缔造的，国家的成长动力也在于中国共产党。② 当下社会治理也是在这一宏大使命布局下的产物，社会治理的相关治理主体作为使命的受任者，受到这一使命的制约。中国共产党执政的合法性亦在此之中，作为使命的主要推动者，中国共产党通过党管干部、党员组织网络、党组织嵌入社会组织、法治等方式保障政府、社会组织不违背历史使命。就社会领域来说，维护社会的稳定是这一宏大历史使命的中层底线。通过中国共产党的意识形态工作管理基层的运作空间。陈涛首先总结提出"遣使者-受任者"，用于理解社会工作机构与政府关系。③ 本部分将之扩展到治理主体之间的关系。在当前的治理主体权力网络中，中国共产党是总的遣使者，其他治理主体是受任者。在政府与社会组织之间又再次形成了遣使-受任的关系。

这种宏大使命和中层底线设定了不可逾越的规则，也同时预留了微观行动的弹性空间。一方面抽象规则也存在着模糊性，在微观实践的判定上，非典型的违反使命的行为被禁止，而其他自主行为有着合法的空间。④ 另一方面，治理主体为了实现受任使命与自身利益的整合，也会通过策略性行动获取自主的空间。⑤ 学界对这种自主性程度研究结论有多种类型，分别展现了这种自主性

---

① 权衡：《共容性组织与激励性增长：超越"政府-市场"的分析逻辑——政党功能的经济学思考》，《学术月刊》，2011年第6期，第71页。

② 林尚立：《国家建设：中国共产党的探索与实践》，《毛泽东邓小平理论研究》，2008年第1期，第15~21页。

③ 陈涛：《社会工作专业使命的探讨》，《社会学研究》，2011年第6期，第211页。

④ 江华、张建民、周莹：《利益契合：转型期中国国家与社会关系的一个分析框架》，《社会学研究》，2011年第3期，第136页。

⑤ 朱健刚、陈安娜：《嵌入中的专业社会工作与街区权力关系——对一个政府购买服务项目的个案分析》，《社会学研究》，2013年第1期，第43页。

的弹性空间，包括行政吸纳社会/服务①、合作主义②。这基本上代表了国内关于本土治理主体关系的具体类型。尽管受任者的自主性基于各种条件富有弹性，但都在遣使-受任的分析框架内。在此意义上，遣使-受任是分析中国社会治理中治理主体关系的一个更为整合性的框架。

(三) 治理主体与治理对象间的关系

社会转型时期，随着治理对象关系在固态与流动、细分与整合之间变动，治理主体多元化形成了网络，由此也引发了治理主体与治理对象之间的关系变革。

1. 直接互动与间接互动之间

管控型的治理方式下，政府与民众的关系是直接的。社会组织参与社会治理，通过政社合作，政府从公共服务的直接提供者的角色转变为购买服务的间接角色，由社会组织生产服务。政府与民众的关系从传统的"政府-民众"转向"政府-社会组织-民众"，社会组织充当着政府与治理对象之间的危机缓冲带。这种模式提供了隔离带，并为协调、化解政府与民众的冲突提供了中介者，是政府治理的减压阀。③ 之所以出现这种变化，与治理对象关系的变迁有着密切的关联。在计划经济时代，由于政府垄断了社会资源，并通过单位制、土地制度将人们固定在社会网格中，而社会问题的化解也可以通过政府资源的整合与流动得以实现。随着治理对象的流动性加快，社会分化的推进，传统政府与民众的直接接触的治理方式无法充分胜任，政府责任的无限性无力承托，所带来的是政府公信力的危机。流动的社会中，政府逐渐选择退居幕后，通过社会组织的互动来间接治理复杂的社会群体。

这种间接的互动关系是社会治理的创新，但政府与民众的直接互动关系依然有必要存在。现实的情境下，二者并非取代的关系，而是有着各自的归属领域。这取决于所属领域治理对象关系的复杂程度。正如斯科特所言，国家的视

---

① 参照唐文玉：《行政吸纳服务——中国大陆国家与社会关系的一种新诠释》，《公共管理学报》，2010 年第 1 期；康晓光、韩恒：《行政吸纳社会——当前中国大陆国家与社会关系再研究》，《中国社会科学》，2007 年第 2 期。

② 江华、张建民、周莹：《利益契合：转型期中国国家与社会关系的一个分析框架》，《社会学研究》，2011 年第 3 期，第 136~152 页。

③ 唐皇凤：《非政府组织：社会转型期政府治理的减压阀》，《学习月刊》，2010 年第 1 期，第 42 页。

角是一种薄弱的简单化、忽略实践知识。① 对于强调治理对象关系流动性强、社会分化较大的领域则适合以社会组织的形式进入。社会组织的优势就在于深入基层、满足多样性。政府作为治理主体，更加适合于普遍性的、一元化的治理实践。

2. 管理与服务之间

从社会治理的政策变迁脉络看，我国社会建设经历了政府包办社会到社会逐渐分离的过程，在自觉构建社会的过程中又经历了社会管理、社会治理的转变。当前我国治理主体与治理对象的关系也从管理转变到服务思路。从治理对象的关系变化角度来说，治理对象的流动性增强而固定性减少，权利作为当代回应流动性的关系处理方式得到强化。管理和服务两种方式可以从权力与权利的角度进行匹配，形成权力/管控型和权利/服务型。权力/管控型关系所突出的是治理主体的主体地位，治理对象则是消极的客体，采取的治理方式是通过权力的管理和控制。权利/服务型关系则强调治理对象的主体地位，承认治理对象的权利，通过服务来回应治理对象的问题实现治理。两种类型的划分反映了对治理对象、出发点和目标看法的差异。

然而，从权力和权利关系的视角看，管理与服务的关系并非此消彼长的对立关系，而是要管理中有服务，服务中有管理。二者在目标上一致，过程上互融，手段上互补②。对特定主体的管理，对于其他主体来说是服务，而对某些群体的服务则意味着管理。尤其是在转型时代，无论是体制机制改革还是制度构建都需要一定的管制，③ 在管制和服务之间寻求动态的平衡是现实需求。从管理到服务的总体转变反映了从权力时代到权利时代的走向，然而，这种总体的判断从根本上来看是利益平衡下的一种调试，并非要排斥管理方式。

四、小结

国内提出了社会治理的多种类型，如柔性治理、关系治理（相对于规制治理）等。然而，中国社会不同于西方的最大特点就在于处于变动之中，尚未定型的治理关系实际处于混沌之中。试图以一种对立的分析框架分析中国的社会

---

① 詹姆斯·C. 斯科特等：《国家的视角：那些试图改善人类状况的项目是如何失败的》，王晓毅译，社会科学文献出版社，2004 年版，第 3 页。

② 麻宝斌、贾茹：《管理与服务关系的反思与前瞻》，《上海行政学院学报》，2016 年第 1 期，第 39~45 页。

③ 张国庆、王华：《动态平衡：新时期中国政府管制的双重选择》，《湖南社会科学》，2004 年第 1 期，第 49 页。

治理存在着困难。本章节所提出的"关系性社会治理"则强调刚柔相济、阴阳相合。这种关系性并非对立概念的拼合，而是相互转化、相互渗透、相互创造的过程。它以关系论为哲学支撑，与中国传统对立统一思想相一致，并整合了学界研究讨论的多重治理关系。在某种意义上它是一种元框架，有助于我们更为全面地理解社会治理。

社会治理的空间中，社会关系是最基本的成分。这里构造的关系性社会治理，不仅在于重新导入了治理对象，为关系视角下重新思考社会治理提供了可能。同时，将治理主体和治理对象看作"复数"，在关系论下审视治理主体，构造了治理主体关系、治理对象关系。总体上来说，这种社会治理的空间设计相对以往的互动关系更为全面地展现了社会治理的关系性。推进社会治理，社会关系是目标，但切入点往往从制度、行为或者技术入手。社会治理本质上是利益关系的调整，而明晰其中的关系只是第一步。接下来以"关系性"为普遍法则，完善或者设计相关法律制度，从而改变社会空间，最终改变社会关系。

第二节 立法的关系性

一、立法的法理基础

立法是国家制定和认可法律的过程，也可以指立法的成果。立法学作为一门专门学科，涵盖诸多法学基础，然而，诚如当代中国台湾法学者史尚宽认为："法律制定及运用之最高原理，谓之法律理念。"[1]刘军平更为直白地指出，"立法理念是蕴含于立法法理基础最为核心内容。其是蕴涵于立法这一环节的法律内在精神和最高原理，它体现了立法者对立法的本质、原则及其运作规律的理性认识以及由此形成的一种价值取向，它是立法者为实现法治这一最终目标，期望通过制定完善的法律来治理国家、管理社会生活的一种最高思想境界"。[2]

目前中国立法总的指导思想主要是马克思主义的世界观、方法论和马克思主义立法观，如立法与物质生活条件密切关系，"立法应当坚持民主原则，尊

---

① 史尚宽：《法律之理念与经验主义法学之综合》，载刁荣华主编：《中西法律思想论集》，台北汉林出版社，1984年版。

② 刘军平：《中国法治进程中的立法理念刍论》，《政法论丛》，2005年第3期，第28页。

重现实和从实际出发，注重总结自己经验和借鉴别国经验，及时而慎重进行立法的变动和完善，正确处理执政党与立法关系等"。① 由立法指导思想总领下的立法原则具有具体指导性，2000 年通过的《中华人民共和国立法法》(以下简称《立法法》)明确了中国立法的思想基本原则：宪法原则、法治原则、民主原则和科学原则。周旺生教授指出法治原则、民主原则、科学原则尤为重要②。刘军平从传统立法理念论述到现代立法理念，认为现代立法理念包括立法者必须树立"以人为本""立法有限""立法平衡""立法效益""立法透明""程序立法"的立法理念。③ 高其才认为，随着市场经济体制的建立和发展，为适应现代社会的要求，我国需要转变立法理念，"确立人本立法理念、客观立法理念、平衡立法理念、合法立法理念、民主立法理念、科学立法理念、全球视野立法理念等现代立法理念"。④ 人本立法理念是对政府为本的突破，社会工作应当转向社会为本理念；平衡立法是政府权力与民众权利平衡，也是对弱势群体关注的需要；全球视野是一种借鉴。作者对于"立法"的界定是动态与静态的结合。李龙提出的人本法律观，认为人应当全面自由发展，突破小部分人利益、政府自我利益的局限；认为社会应当全面发展，社会不仅仅为了政治和经济护航，也有导航的作用。⑤ 人本法律观以人民的根本利益和全面发展为出发点和归宿，此为其内涵，其基本要求是四个，"第一，意识层面要弘扬法律人文精神，尊重人；第二，立法合乎人性、保障人权；第三，保护弱势群体；第四，全面贯彻"。⑥ "人本法律观的实际是个人利益和集体利益的协调，法的阶级性和社会性并重，创造每个人的自由为一切人的自由创造条件的社会。"⑦马克思主义创始人对法的理解并非法为统治阶级意志体现，而是以人为本。"以人为本并非人本主义，并不认为人是法律的本源，而认为人是社会中的人，法以人为主体、以人为对象，以人的自由目的而产生发展，法的本性是人性、人

① 周旺生：《立法学》，法律出版社，2004 年版，第 70~72 页。

② 周旺生：《立法学》，法律出版社，2004 年版，第 67 页。

③ 刘军平：《中国法治进程中的立法理念刍论》，《政法论丛》，2005 年第 3 期，第 32~33 页。

④ 高其才：《现代立法理念论》，《南京社会科学》，2006 年第 1 期。

⑤ 李龙：《人本法律观研究》，社会科学文献出版社，2006 年版。

⑥ 李龙：《人本法律观论纲》，载何家寿主编：《法学前沿》，武汉大学出版社，2007 年版。

⑦ 李龙：《人本法律观论纲》，何家寿主编：《法学前沿》，武汉大学出版社，2007 年版。

道的，法是由国家意志反映了一定的经济关系和其他社会关系的规则和秩序。"① 上述诸多法律观的争鸣是我国社会工作师立法的法理基础。

二、立法的关系性

立法的关系性实际上可以表现为一种关系性思维方式。关系刑法论是关系主义思维在刑法领域的应用，平衡性立法思维、系统性立法思维和辩证性立法思维都与之相关。②

储槐植教授曾经提出过关系刑法论。③ 关系刑法论的核心思想与社会科学的关系主义思想一致，即刑法存活于关系中。因此，刑法的立法必须在关系中研究和确定。这个关系是一个关系系统或者关系网络。在储槐植看来，刑法这个系统分为外部和内部两个系统。外部可以从上下左右前后进行分析，刑法的刑法之下——经济与刑法，刑法之上——政权结构、意识形态与刑法，刑法之前——犯罪与刑法，刑法之后——行刑与刑法，刑法左右——其他部门法、附属刑法与刑法，其他学科与刑法学的关系；刑法内部系统则又涉及刑法诸多关系，比如国家意志与客观规律的关系、保护功能与保障功能的关系、罪与刑的关系、刑罚目的与刑罚机制的关系、刑事立法与适用解释的关系等。④

立法本身是一种利益关系的平衡。刑法是一个关系系统，其他部门法也是如此。关系分析法适用于法学的各个部门，对于立法也是如此。在立法的利益平衡中，不同主体之间的关系权衡以及法定化问题是立法者思考的关键点。对于不同的职业，职业相关的主体更加多元，往往涉及职业主体、职业管理者、职业服务对象、其他职业、公众等。因此，职业立法从本质上也存活于关系中，唯有从关系中看待和厘清各自的位置，进而由国家意志固定下来，才能促进职业的秩序与长远发展。

在讨论立法的关系性，甚至进而提出一个"关系性法律"概念，容易带来一个误识，即认为法律本身就是研究法律关系、社会关系的，何必提出"法律的关系性"呢？在此要区分"关系性"与"关系"。关系性的提出所对应的范畴是

---

① 武步云：《人本法学的哲学探究》，法律出版社，2008 年版。

② 马荣春、徐晓霞：《平衡性立法思维：〈刑法修正案（九）〉的立法贡献》，《中国刑事法杂志》，2016 年第 4 期，第 3 页。

③ 储槐植：《刑法存活关系中——关系刑法论纲》，《法制与社会发展》，1996 年第 2 期，第 40 页。

④ 储槐植：《刑法存活关系中——关系刑法论纲》，《法制与社会发展》，1996 年第 2 期，第 40 页。

实体性。实体主义下我们看待法律往往是参照自然科学的逻辑，将法律想象为一个拟化的自然物体，这个自然实体产生了法律关系。关系性则认为是先有关系才能在关系中确定法律的一切概念、命题和理论。这意味着我们要重新理解法律的体系——当然这是一个需要几代人完成的宏大使命。就本书而言，本书在社会治理、社会工作立法的大领域中，聚焦于社会工作师权利义务这一核心概念组，试图更为深入的思考社会工作师的权利义务是什么？这隐含的问题是适合中国实践、本土化的立法研究。

第三节　权利义务法定的关系性

一、权利立法的法理基础

权利是法律的核心术语，在法律中处于核心地位。德沃金曾言："不认真对待权利，就不会认真对待法律。"①美国著名法学家韦斯利·霍菲尔德（Wesley New Comb Hohfeld）在《司法推理中应用的基本法律概念》一书中说："所有法律关系都可归结为'权利'和'义务'，而且这些范畴足以用来分析即使是最复杂的法律利益问题。"②由此可见权利的重要性。在立法过程与立法体系中，权利立法是最基本的材料，是立法最基本的范畴。

"权利体系是开放的具有层级性的动态体系"③，权利体系内容的常见表现形式有道德权利、习惯权利和法定权利。道德权利和习惯权利是原生的，与人的主体性密切相关，乃是基于社会经济生活或者社会传统形成或流传下来的，成为集体性、反复作为的一种权利。这种权利有时候被称为应有权利、已有权利或者社会自发权利，无论如何表述，都是在与法定权利相比较而言。法定权利，是法律意义上的权利，马克思认为法定权利来源于习惯权利和道德权利，权利法定甚至不认为是国家在制定法律权利，而是在表述法律权利④。权利一旦法定，便会有诸多的意义。法律是国家通过强制力进行保障的规范，对筛选后的习惯权利或者道德权利进行立法，就会从不成文法成为规范性的法律，

① 罗纳德·德沃金：《认真对待权利》，信春鹰、吴玉章译，中国大百科全书出版社，1998 年版，第 205 页。

② 转自沈宗灵：《现代西方方法理学》，北京大学出版社，1992 年版，第 146 页。

③ 刘玲、征汉年、章群：《法律权利基本问题研究》，《河池学院学报》，2005 年第 4 期，第 86 页。

④ 《马克思恩格斯全集》第 1 卷，人民出版社 1956 年版。

具有规范性；法律在较长一段时间内保持稳定，同时国家强制力作为保障后盾也保障了法定权利的连续性和确定性。"法律对于权利来讲是一种稳定器，而对于失控的权力来讲则是一种抑制器。颁布自由与平等的宪章的目的，就在于确使今天所赋予的权利不会在明天被剥夺。"①也就是说，法定的权利更加具有保护性。

在权利体系这个动态的生态中，有哪些权利应当经过法定而成为立法明文规定的权利？权利法定的原则或者法理在哪里呢？权利立法本身也要遵循立法的原则，郭道晖教授认为，"权利立法要力求完整性、宽容性与开放性、实在性，并有切实的权利救济手段"。② 完整性上，各种权利是密切相关的，相互联系和依存的，在政治、经济和社会权利之间，一种权利的短缺往往影响其他权利的实现，因此在权利立法中需要考虑权利序列，配套好相关权利。权利立法的宽容性与开放性是考虑到权利未来发展的变化，为未来增添新的权利留有一定的法内空间，也就是说，权利立法只要不损害国家、社会和他人的权利应尽量给予宽泛处理。权利立法的实在性要求权利有实现的可能性，权利若要实现，不仅仅是靠一种宣誓或者一纸空文，还需要相应的实现条件予以保障。由此，权利立法并非只是权利的制定，还意味着制度配套和物质保证。权利的救济手段是抵抗权利侵害、消除权利侵害以及获得赔偿的方式，在我国主要从事前和事后两方面进行救济。事前救济是在权利受到侵害之前的救济，主要设定为批评权和监督权。事后救济是在权利受到侵害后的弥补行为，我国有行政救济、民事救济和刑事救济三种手段。关于权利的立法分配与协调，郭道晖还提出了正确把握权利立法价值取向，协调权利的冲突。③ 立法并非价值中立，立法者的价值取向影响立法，不可随意而为，在"权利的价值取向，主要是权衡其权利设置的公平正义性和社会功利性"④。公平正义主要是从利益平衡角度，不厚此薄彼，为社会冲突埋下种子，以平衡利益，实现社会团结为目的。"一定时代的公平正义，总是要求同一定时代的生产方式相适应，同立法者所代表的统治阶级的秩序要求相吻合。这也就是权利的功利标准。权利的设定，不能追求超历史超阶级的公平，只能是决定于一定的经济结构与文化发展水平，而

---

① 博登海默：《法理学——法哲学及其方法》，华夏出版社，1987年版，第290页。
② 郭道晖：《论法定权利与权利立法》，《法制现代化研究》，1995年，第22页。
③ 郭道晖：《论法定权利与权利立法》，《法制现代化研究》，1995年，第22页。
④ 郭道晖：《论法定权利与权利立法》，《法制现代化研究》，1995年，第45页。

不能'超前'。"①对于权利冲突，郭道晖教授提出了两种类型，其一是权利内容的冲突，其二是权利行使时发生的冲突。权利其实也存在一定高低档次之分，在发生权利冲突时，立法上的取舍遵循以下原则："当国家、社会和个人的利益发生冲突时，以国家、社会利益为先；生命权和财产权冲突中，以生命权优先；多数人的基本权利与少数人的次要权利冲突时，以多数人的基本权利优先。"②

在经过立法程序进入法律层面的权利并非杂乱无章的，而是有一定的内在结构。有学者提出了权利的微观结构和宏观结构，微观结构围绕着每一法律权利展开，宏观结构则是关注权利主体所拥有的权利体系。其认为，主体的权利体系由三个亚体系组成，它们是一般性权利、具体性权利和补救性权利③④。三个层次权利分别对应法律体系的三个层次，一般性权利由宪法来保障，如我国宪法规定的公民的平等权、政治权利、宗教信仰自由权、人身自由权、社会经济权、文化教育权和特定人的权利；具体性权利是具体的法律部门所赋予的权利，由具体的法律部门保障；补救性权利是一般性权利和具体性权利受到损害时候进行补救的权利，由程序法保障。三者关系上，一般性权利作为基本权利，寄寓在具体性权利中；具体性权利体现着一般性权利；补救性权利则从程序上对一般性权利和具体性权利进行保障。从法律权利内容视角分析，"法律权利可以分为，其一，积极行为的权利，也就是权利主体可以自主决定作出一定行为的权利；其二，请求权，即权利主体要求他人履行一定法律义务的权利；其三，要求保护的权利，就是权利主体在自己的权利受到侵害时，请求国家机关予以保护的权利"。⑤ 陈兴良则根据权利产生的原因不同，可将权利划分为原权和派生权(或称救济权)。"原权指基于法律规范之确认，不待他人侵害而已存在的权利，又称为第一权利；而派生权指由于他人侵害原权利而发生的法律权利，也称为第二权利"。⑥ 此外，有人依据权利本身法律属性的不同，

---

①　郭道晖：《论法定权利与权利立法》，《法制现代化研究》，1995 年，第 45 页。
②　郭道晖：《论法定权利与权利立法》，《法制现代化研究》，1995 年，第 46~47 页。
③　林志敏：《论法律权利结构》，《吉林大学社会科学学报》，1990 年第 4 期，第 44 页。
④　刘兴树：《论法律权利》，《湖南师大社会科学学报》，1994 年第 1 期。
⑤　孙国华：《法学基础理论》，中国人民大学出版社，1993 年版。
⑥　陈兴良：《刑法适用总论》，法律出版社，1999 年版，第 319 页。

将法律权利分为资格权利、行为权利和保障权利的权利。① 资格权利是法律关系主体参与一定法律关系，享有一定权利的资格，可以分为一般资格权利和特殊资格权利；行为权利则是行为主体通过行为实践取得的权利；保障权利是保障行为权利实现的权利。

二、义务立法的法理基础

法律义务的定义千姿百态，张文显教授总结为资格说、主张说、自由说、利益说、法力说、可能说、规范说、选择说②。目前法学界的倾向是"对法律权利概念进行解释和定义后附带予以说明"③，本书采用权利义务的研究范式，仍采用这一较为主流的概念。"法律义务完全可被看作国家凭借其最高权威为着保护和促进社会成员的正当利益而设定，并体现于法律规范之中、实现于法律关系之中的法律关系主体必为因而当为的行为模式与标准。"④法律义务的内在结构要素较为一致的看法是认为法律义务包括"应当"和"行为"，但对于法律责任是否应该归到法律义务中存在争论。有人认为法律义务的构成要素是"应当"+"行为"+"可能的法律责任"⑤⑥；有人认为"法律责任不是指义务人应履行什么法律义务，受到什么法律上的约束，而是指义务人在不履行自己的法律义务，即拒绝遵守法律上的约束时所必须承担的、由此引起的法律后果，所应受到的法律上的处罚"⑦。笔者主张后一观点，认为"法律义务是法律主体依法从事某种行为或不从事某种行为的强制性"⑧，在法律规定中法律义务的强制性与强制性后果进行区分，将强制性后果界定为法律责任，而法律义务只是对强制性的表达。

关于法律义务的表现形态，依据不同标准有诸多分类，根据学者的总结，

---

① 刘玲、征汉年、章群：《法律权利基本问题研究》，《河池学院学报》，2005 年第 4 期，第 88 页。

② 张文显：《法学基本范畴研究》，中国政法大学出版社，1993 年版，第 300～305 页。

③ 钱大军：《法律义务研究论纲》，科学出版社，2008 年版，第 23 页。

④ 薛畅宇、姚建宗：《论法律义务的结构特征与功能》，《长白学刊》，1996 年第 4 期。

⑤ 钱大军：《法律义务的逻辑分析》，《法制与社会发展》，2003 年第 2 期。

⑥ 李京波：《论法律义务》，2008 年山东大学硕士学位论文，第 1 页。

⑦ 张贵成：《法律义务与法律责任》，《法学》，1984 年第 7 期，第 44 页。

⑧ 谢晖、陈金钊：《法理学》，高等教育出版社，2005 年版，第 250 页。

"主要有应有义务、习惯义务、法定义务和现实义务；基本义务和普通义务；一般义务和特殊义务；第一性义务和第二性义务；消极义务和积极义务；个体义务、集体义务、国家义务、人类义务；公法义务和私法义务"。① 另外还有人提出自然义务、家庭义务、政治义务、社会义务②；"权力对权利的义务、权利对权利的义务、权力对权力的义务和权利对权利的义务"等③。其中法律义务和道德义务范畴受到关注，法律义务具有尺度权威性、直接禁恶、界定清晰的功能优势，但在领域小、运行成本高、主观客观化难题上不及道德义务的优势，④ 建立法律义务与道德义务的良性关系，实现二者功能互补与协调，需要遵循一定原则："其一是合理限度的道德法律化，即通过将某些道德义务转化为法律义务，在一定程度上弥补道德义务强制性的不足，从而使道德的普遍弘扬成为可能。其二是合理限度的法律道德化，即将某些法律义务上升为道德义务，使法律义务的外在强制性转化为人们内心的道德信念"⑤。这其实就是道德法律化、法律道德化，但是"两化"的合理限度在哪里仍然是个问题。

三、角色理论与社会工作师权利义务立法

角色理论是社会学的重要理论，角色本身即是关系性的。其与法学界的权利义务有着重要关联性，对于权利义务立法也有着重要的启示。

人是社会化的产物，任何人在社会中都要扮演一定的角色，所谓的角色指的是与人的社会地位与身份相一致的规范和行为模式。在角色分类中，先赋角色是由先天因素决定的角色，比如血缘、性别等，个人无法改变。与先赋角色相对应的自致角色是个人后天努力获得的角色，也称之为成就角色。先赋角色中一类是血缘等决定的，具有永久性无法改变；另一类是由特定的社会规定的，随着社会的发展而发生变化。一般说来，随着社会的进步，先赋角色中第二类角色会逐渐转向自致角色。有人提出法律意义上的身份(角色)应该具有

---

① 张文显：《法理学》，高等教育出版社，2003 年版，第 113~115 页；张恒山：《义务先定论》，山东人民出版社，1999 年版，第 75 页。

② 李京波：《论法律义务》，2008 年山东大学硕士学位论文。

③ 胡平仁：《法律义务新论——兼评张恒山教授〈义务先定论〉中的义务观》，《法制与社会发展》，2004 年第 6 期。

④ 刘金凌：《法律义务、道德义务的功能互补与协调》，《辽宁师范大学学报(社会科学版)》，2005 年第 2 期，第 24~25 页。

⑤ 刘金凌：《法律义务、道德义务的功能互补与协调》，《辽宁师范大学学报(社会科学版)》，2005 年第 2 期，第 26 页。

的特征是自致身份而非先赋身份、有流动性、法律认为必要①。笔者并不赞同法律意义上的角色必须是自致身份和具有流动性。其实法律作为社会秩序维持方式，必须涉入广阔的范围，先赋角色也纳入其中，如法律规定子女赡养父母义务、遗产法定继承等。当然，现代社会法律具有了更多的自致角色的意义。社会工作师作为一门专业技术职业，是与教师、律师等类似的可以经过个人活动获得的职业，社会工作师角色自然属于自致角色。具备法律意义上的角色还要经由法律认为必要。法律是人民意志的体现，社会工作师角色进入法律范畴也就是社会工作师立法的必要性。有人以实证对北京、上海、广东等地的调查，发现调查对象普遍认为社会工作师立法十分必要②或者有巨大需求③，其中社会工作师的法律地位、权利、薪酬及工作条件和劳动保护最受关注。

　　学界对角色还区分为正式角色和非正式角色，任何角色都有一定的规范，"执行或者基本执行这些规范的，就是符合社会期望的角色，他们所'扮演'的是为社会所承认、所欢迎的角色，也就是正式角色"④。"非正式角色是这样一种角色，他们或者是违反、破坏社会现有规范的角色，或者是社会还没有为他们准备好应有的规范的新角色"。⑤社会工作师目前尚属于非正式角色，其是由于新兴职业，法律还没有进行专门立法规定社会工作师的行为规范。从社会学意义上说，非正式角色容易产生角色不清现象，不知道该做什么，不该做什么，这也是目前社会工作师行为混乱的原因。因此必须进行角色建设。"角色建设主要是指角色规范建设，指由社会确立符合社会期望的角色行为规范，并使之内化为社会成员认同的个体行为准则。"⑥"角色建设是一个有计划、有目

---

①　钱大军、马国强：《身份与法律义务的关联研究》，《大庆高等专科学校学报》，2004 年第 2 期。

②　曲玉波、李惠、姜翠敏等：《我国社会工作者立法需求研究报告》，载民政部社会工作司编：《社会工作立法问题研究》，中国社会出版社，2011 年版。

③　谢泽宪：《广东地区社会工作立法需求状况调查及立法路径建议》，载《社会工作文选》总第六辑，2008 年。

④　丁水木：《略论社会学的角色理论及其实践意义》，《社会学研究》，1987 年第 6 期，第 103 页。

⑤　丁水木：《略论社会学的角色理论及其实践意义》，《社会学研究》，1987 年第 6 期，第 103 页。

⑥　丁水木、张绪山：《社会角色论》，上海社会科学院出版社，1992 年版，第 164 页。

的的思维活动和实践活动，以角色规范为重点。"①在社会工作师角色规范建设中，核心是社会工作师权利义务规范确立。

四、我国社会工作师权利义务立法理论框架

在整合关系主义理论以及立法学中立法的理论、权利义务立法的理论以及社会学中角色理论基础上，并结合社会工作理论，笔者尝试构建我国社会工作师权利义务立法的理论框架。这一个框架只是初步的、粗略的，尝试回答三个问题：第一是"为什么"，即为什么要对社会工作师权利义务进行立法；第二是"是什么"，即社会工作师法定的权利义务是什么，所形成的结构是什么；第三是"如何"，即我国社会工作师权利义务应当如何立法。

（一）为何对社会工作师权利义务立法

笔者以为，我国社会工作师权利义务立法缘由可以从宏观、中观、微观三个层面论述。

宏观上，完善我国社会法体系，推进依法治国。法治国家的前提是良好的法制，目前中国的法律体系已经形成了七大法律部门，社会法是其中独立的一大部门，社会工作法律是社会法体系的重要组成部分，"是规范社会工作师向受助群体提供专业的社会工作服务过程中所形成的各种社会关系的法律规范的总称"。② 其包括社会工作师主体立法、社会工作机构立法、社会工作事业立法、社会工作服务对象权利保护立法。社会工作师权利义务立法从属于社会工作师主体立法，并涉及社会工作机构立法、事业立法和服务对象立法，影响整个社会工作法律体系。权利义务法律最基本的概念，社会工作法律中缺乏对社会工作师权利义务的立法自然是不完整的，所形成的社会法体系也是残缺的，在社会工作领域推进依法治国自然也就无法可依。

中观上，社会工作行业制度建设。社会工作是什么，这是社会工作理论的一个基本的问题，是社会工作逻辑思考的出发点。学界对社会工作的定义见仁见智，有学者认为社会工作具有制度性，如徐永祥教授从国外历史的角度论述

---

① 奚从清：《角色论：个人与社会的互动》，浙江大学出版社，2010 年版，第 175 页。

② 叶静漪等：《从社会立法到社会工作立法》，载民政部社会工作司编：《社会工作立法问题研究》，中国社会出版社，2011 年版。

了社会工作作为一种制度是如何发展起来的①；刘继同教授等认为，"从本质上说，社会工作是种社会服务体系、社会政策框架和社会福利制度"②。笔者主张社会工作作为一种行业制度体系，是福利制度的传导体系，也是社会管理制度的一部分。制度建设的依托是法律法规，社会工作行业制度建设实质主要是社会工作主体的法律法规问题，也就是行业主体立法的问题。社会工作师权利义务立法是行业制度建设的必要内容，以明确福利传递主体作为与不作为的合法范围，鼓励积极作为，限制损害性行为，形成行业层面的规定，以制度化形式保障福利的持续稳定的传递。

微观上，厘清职业主体角色，实现角色协调。在推动社会工作"四化"(专业化、职业化、本土化、法治化)进程中，职业化是关键。社会工作师职业塑造意味着社会工作师职业角色的建设。由于职业化尚在推进中，社会工作师角色规范并没有完全厘清，社会工作师由此开展专业活动中不知如何自处。由于社会对社会工作师的角色期望模糊，并且常常与传统的行政性社会工作师角色混淆，对专业社会工作师的认可度也并不高，社会工作师专业实践常常得不到应有的支持和肯定。对社会工作师进行角色建设，显得十分必要，这就要明确其职业活动范围、职业义务与责任，开展权利义务立法，如此可以为社会工作师个体提供角色扮演的"剧本"，扮演好相应角色。

(二)社会工作师法定权利义务概念与结构

一般认为社会工作师是社会工作的职业主体，由于本书讨论的社会工作师是享有法定权利承担法定义务的主体，其应该是法律范畴内的概念。如前所述，笔者主张社会工作是一种制度，社会工作师也应该是"制度性"的，也就是说成为社会工作师应当经由国家法律法规授权或者认可。权利义务是特定主体的合法活动范围，社会工作师法定权利义务就是法律意义上社会工作师享有的权利和承担的义务。

如前所述，法学界对法律上权利义务的结构有不同的看法。先来讨论法定权利的结构。对于一般性权利、具体性权利和救济性权利的权利结构，笔者认为，这是从一个公民角度进行的划分，尤其是其中的一般性权利是作为每一个主体都享有的权利，虽然社会工作师也在扮演公民的角色，但本书所关注的只

---

① 徐永祥：《论现代社会工作在和谐社会中的建构功能》，《学海》，2005年第1期。
② 刘继同、孔灵芝、严俊：《心理学与社会工作的本质区别及其对构建中国精神健康社会工作实务模式的启示》，《社会科学研究》，2010年第3期。

是其社会工作师的角色。再如，从法律权利内容把权利结构分为积极行为权利、请求权和要求保护的权利，根据来源分为原权和派生权：这些仍然具有宽泛性，无法具体到职业主体权利立法的层面。笔者主张，针对职业主体的权利分析，可以依据权利本身法律属性的不同，将法律权利分为资格权利、行为权利和保障权利的权利①。对社会工作师而言，首先是获得社会工作师法定资格的权利，其次是职业行为的权利，最后是保障职业资格和行为的救济权利。资格权利是进入特定角色的资格，社会工作师职业立法的前提便是社会工作师拥有进入本职业的权利，这一权利是后续行为权利和保障权利的基础，其具体表现为社会工作师所享有的通过国家社会工作者职业资格考试合格后获得社会工作师称号、依法从事社会工作职业的权利。社会工作师行为的权利就是在合法范围内自由执业的权利，比如有要求相关部门协助权利、专业自主权等。这一行为权利的内容丰富，不同的职业主体的特性往往表现在这类权利内容中，各国立法的特色也在此方面尽显。社会工作师所具有的独特性如何充分体现在行为权利中，笔者主张包括专业自主权和请求协助权，这是本书后续讨论的重点。"没有救济就没有权利"，保障性权利是社会工作师前述两类权利的后盾，保障二者受到侵害时得以获得救济，是一般职业立法的必不可少的权利类型。下文中笔者也将据此权利结构，对社会工作师法定权利一一进行分析。

再来讨论义务立法的结构。如前所述，目前法学界对于义务的论述多是在权利义务范式内，义务具有附属性，单独深入论述义务结构的文章尚未见到。在权利义务的框架内，义务的承担意味着特定人权利的赋予，社会工作师承担的义务则是为了服务对象的权利实现。服务对象的权利其实又是多样的，如隐私权、知情权、生命安全权等。如果从权利角度也无法形成一定结构。笔者主张，在维护服务对象利益上，可以从多种服务方式或者手段着手，根据方式性质差异实际上可以分为保障性义务、主导性义务、合作性义务。保障性义务是为服务对象提供服务的前提和保障，就社会工作师服务来说，社会工作师履行保密义务是建立专业关系、保障专业服务持续进行的前提，因此可以说保密义务是一种保障性义务。社会工作师的专业服务记录义务也有保障的性质。主导性义务是社会工作师发挥自身专业力量提供服务，主要是社会工作师接受继续教育义务，以提高自我专业水平。合作性义务是社会工作师经与他方合作为服

---

① 刘玲、征汉年、章群：《法律权利基本问题研究》，《河池学院学报》，2005 年第 4 期。

务对象提供服务的义务，包括报告义务和灾害事故服从安排义务。前者是社会工作师寻求公权力合作帮助服务对象，后者是社会工作师嵌入灾难事故救灾体系帮助服务对象，二者中社会工作师都要与他方合作才能履行服务义务。由此，笔者试图建构起社会工作师的法定义务结构，即保障性义务、主导性义务和合作性义务。

（三）我国社会工作师权利义务立法中的五对关系

在明确社会工作师权利义务立法的缘由、概念和结构后，一个核心的问题就是如何对社会工作师权利义务进行立法或者进行角色建设。立法本质上是立法者根据一定的规则进行利益的分配，权利义务立法也不例外。涉及谁是立法者，立法者的价值选择怎样，立法原则是什么等一系列复杂问题。对于社会工作师权利义务立法，笔者基于前述的理论梳理，在此只是提出一个粗略的立法框架，即对我国社会工作师权利义务进行立法需要处理好下列五对关系，并以此指导后续深入的讨论。

1. 职业立法共性与社会工作特性

2003 年上海首次社会工作者职业资格考试举行，国内出现第一批社会工作职业人士，2008 年全国社会工作者职业资格考试举行，从此社会工作（者）师成为一个新兴的职业群体大量涌现。对于社会工作师的定位，目前社会工作师被纳入专业技术人员类管理，也就是说社会工作师属于《中华人民共和国职业分类大典》中与注册会计师、律师、执业医师、注册建造师等并列的专业技术人员。在我国，绝大多数的专业技术人员有专门的法律予以规定，如《教师法》《律师法》《执业医师法》等，相应的法律中对特定职业主体的权利义务也进行了全面的规定。因此出台专门的社会工作师法，并对社会工作师权利义务进行立法是未来社会工作发展的必经之路。这些职业立法有其共同的内容，包括其权利义务立法的共性内容，可为社会工作师立法提供参考。实际上，我国职业主体的立法往往是这么做的。

职业立法的共性只能为社会工作师立法提供参照，形成适切的立法需要回归社会工作师的特性，然而这并不容易。国外社会工作的百年发展历程也是在解决社会工作是什么的问题，国际对社会工作的定义依然充满争议。国内流行的定义是采用整合的方式，认为"社会工作是遵循助人自助的理念指导下，运用个案工作、小组工作、社区工作、行政工作等专业方法，以帮助机构和他人发挥自身功能，协调社会关系，解决和预防社会问题，促进社会公正为职业的一项专业性工作"①。对社会工作师的独特性也可采用整合的方式。比如，张昱教授认为社会工作的基本对象是个体的社会关系体系②，如此开展的社会工作活动便具有综合性，这意味着社会工作师开展活动无法脱离社会各部门的协助；再如，社会工作师的服务对象较为特殊，社会工作师有时面临危险，这就需要立法保障社会工作师的安全。另外，社会工作师的价值诉求是社会公正，形成了社会倡导的专业方法；社会工作师运用自我提供服务，以解决复杂的不断变化的社会问题，这对社会工作师的知识更新和素质提出更高要求，等等。因此，立法者和研究者需要充分考虑这些职业特殊性，并在立法中做出积极回应。

2. 域外立法经验与本土特性

从 20 世纪 80 年代末重建我国社会工作到现在，不过三十多年，我国大陆社会工作仍然处于初级发展阶段，社会工作职业化、专业化、本土化仍未完成，法治化亦在进行中。相比之下，域外立法较早且成熟。英美法系中，如美国加利福尼亚州于 1945 年制定了《社会工作注册法》，至 1993 年美国绝大多数州也建立起了社会工作法律制度③。加拿大的艾伯塔省的《社会工作职业法》、安大略省的《社会工作及社会服务工作法》、萨斯喀彻温省的《社会工作师法》、新斯科舍省的《社会工作师法》都涉及社会工作师行为规范。大陆法系中的如日本的《社会福祉士与护理福祉士法》是专门性的社会工作师法规，中国台湾在借鉴其他地方社会工作经验教训基础上于 1997 年出台"社会工作师法"，后来为多次修改，其完善程度居于亚洲前列。"他山之石可以攻玉"，这些域外的成熟立法及其教训是我国大陆社会工作师立法和权利义务立法的良好资源。

作为全球背景和地方背景交织的产物，社会工作根本上依赖地方知识。经济全球化也带来知识的全球化，或者说世界知识的西方化。对此，中国学者要挑战西方中心论的研究方法，以中国为中心来研究中国④。苏力教授在其名著《法治及其本土资源》中提示我们，要警惕和反思盛行的西方式的法律现代化方案，注重本土资源⑤。思考中国问题也是有立场的，其就是站在中国本土的

① 朱眉华、文军主编：《社会工作实务手册》，社会科学文献出版社，2006 年版。

② 张昱：《个体社会关系是社会工作的基本对象——灾后社会工作的实践反思》，《中国社会工作研究（第六辑）》，社会科学文献出版社 2008 年版。

③ 竺效、杨飞：《域外社会工作立法模式研究及其对我国的启示》，《政治与法律》，2008 年第 10 期，第 141 页。

④ 曹锦清：《如何研究中国》，上海人民出版社，2010 年版。

⑤ 苏力：《法治及其本土资源》，中国政法大学出版社，1996 年版。

文化与历史情境中，以中国为目标。转型时期的中国社会是特殊的，立法者绕开这一事实，立法便无生命力。国家与社会的关系得到学界的诸多关注，然而中国的国家与社会并非西方那样明显分化，在"普通人的国家理论"中社会并未得到认同，现阶段重要的是重构国家社会的多层关系①。社会工作的发展正是以"社会"为依托，如果追求国家社会的分化是缺乏基础的，那么社会工作及社会工作师的行为将会受到怎样的影响？这实际上是本土化的问题。有人认为，"社会工作的本土化不仅仅是理性的思辨，也是政治过程，权力角逐的过程"②。本土化过程自然包括社会工作相关立法及制度的本土化，本土化了的社会工作立法也是作为中国参与全球社会工作知识竞争的底本，整合本土经验与西方专业性社会工作知识，我们将有可能贡献社会工作立法知识，以致创建中国自己的社会工作知识体系，为全球社会工作知识体系带来冲击和更新，其意义无疑是重大的。

3. 现实与发展

我国《立法法》规定，立法应当从实际出发，科学合理地规定公民、法人和其他组织的权利和义务。社会工作师权利义务立法的实际是社会工作当前的发展现实。整体说来，中国社会工作的发展是伴随着中国社会转型而兴起的，由于中国社会仍然处于转型之中，当前社会工作发展处于初级阶段，充满诸多挑战。如有人开展社会调查发现，存在社工执业受到干扰、薪酬被拖欠、工作条件无法保障等问题③。此外，周沛教授④提出的社会工作发展中理论与实践、实务与研究、教育与学科三大关系问题；文军教授⑤总结的中国社会工作发展的十大挑战，包括专业认同与社会认同的差异、服务缺乏督导与评估等，表明了社会工作师权利义务立法的必要性，也为立法提供了实际基础。

另外，法律资源的开发利用也存在层次问题，预测社会工作未来发展，在社会工作立法上具有前瞻性，能够考虑并适应未来的变化，才能最大限度地发挥立法在推动社会工作发展中的价值。从 2000 年之后，社会工作进入了政府的视野，社会工作从高校内走出，职业化得到大力推进，社会工作由此进入了

---

① 项飚：《普通人的"国家"理论》，《开放时代》，2010 年第 10 期。

② 殷妙仲：《专业、科学、本土化：中国社会工作十年的三个迷思》，《社会科学》，2011 年第 1 期。

③ 曲玉波、李惠、姜翠敏等：《我国社会工作者立法需求研究报告》，载民政部社会工作司编：《社会工作立法问题研究》，中国社会出版社，2010 年版。

④ 周沛：《关于社会工作发展中的几个问题》，《江苏社会科学》，2003 年第 3 期。

⑤ 文军：《当代中国社会工作发展面临的十大挑战》，《社会科学》，2009 年第 7 期。

一个发展的黄金时期。根据中央政法委等 18 个部门和组织联合发布的《关于加强社会工作专业人才队伍建设的意见》以及《国家中长期人才发展规划纲要(2010—2020 年)》中的社会工作人才队伍建设部分,可以发现社会工作各项配套制度将逐步完善,社会工作人才将达到数百万规模并在构建和谐社会发挥更加重要作用。社会工作相关立法也是以无法脱离这一发展趋势,或者说成为这一发展的推手。由此,社会工作师权利义务立法需要为理顺社会工作师与各项配套制度之间的关系,以权利激励社会工作师,以义务促使社会工作师参与社会建设。

4. 社会工作法律与伦理

目前,社会工作价值和伦理较受重视,而社会工作法律则没有得到应有的关注程度。从社工学术界的讨论来看,对社会工作伦理的研究远远多于对社工法律的研究,关于社会工作法律与伦理关系的研究缺乏,甚至有人将社会工作伦理与法律混淆。如笔者之前所述,作为社会工作师的规范,伦理与法律各具优势与劣势,二者应当互为协调,实现功能互补。"道德是法律的基础,道德规范是法律规范的主要源泉,良好的法律来源于美好的道德,道德是法律的精神支柱;法律也是道德权力支柱,美好的道德要通过法律的形式才能加以有效地弘扬和继承。"①相对于法律,伦理规范的领域更加广阔,社会工作师法律规范以发挥后盾作用,将最低限度的道德要求纳入法律规范中来。正如有人所描述的:"千百万人的社会活动就好似漫漫无序的水流,道德规范,就像引导人们社会活动洪流的河堤,它规范着无序的人类活动。法制规范就像是沿河逐级有序修建的一道道拦洪、滤水的坝,它通过对国家、社会、家庭、金钱、名誉等方面所建立的种种强制规范,使混沌的社会洪流不断得到可以操作的管理。"②法律与伦理规范相得益彰,共同规范社会的良性运转。从目前各国的社会工作师伦理守则看,伦理主要是对社会工作师的禁止性规范或者说"义务性"规范做出了规定,而对社会工作师权利缺乏关注,这一领域可以进入法律层面。接下来的问题就是,哪些伦理上的义务规定属于最低限度的义务,应当进入法律范畴呢?此问题的回答仍然具有较强的主观性,往往与立法者的价值选择有关。笔者以为,法律义务应着眼于涉及服务对象的生命安全、行业维护、社会秩序稳定上,将有限的法律资源投入这三个底线层面的保障。由此推

---

① 李建勇、吴志刚、陶希东:《社区工作法律导论》,复旦大学出版社,2005 年版,第 20~21 页。

② 额尔墩:《论道德本质及其对法制的作用》,《前沿》,2005 年第 12 期,第 127 页。

动二者良性关系运作。

5. 多方利益的平衡

权利与义务是对等的，社会工作师权利的配置则意味着社会工作机构、服务对象等义务的承担，社会工作义务则意味着其他主体权利的分配。如果单纯从社会工作师权利角度出发，过分保护社会工作师则意味着克以他人更多的义务，为相关方增加负担，最终也不利于社会工作师自我的发展。同样的道理，社会工作师义务也需要在一个平衡的视角下进行配置。利益平衡下社会工作师权利义务法定，从横向上是指，社会工作师与服务对象、社会工作机构等主体权利义务的平衡；从纵向上是指，社会工作师的权利义务与国家或者主管机关的权利义务的平衡①。正如 Jordan 指出，社工的独特性和专业性在于它对问题及解决方式的社会性的强调②。社会工作服务相比其他职业，牵涉更多的利益相关者，至少包括政府部门、服务对象、社区、社会。多方主体的利益竞争使权利义务配置的问题更加复杂化了。立法作为一个体系，有着内在的逻辑关联。社会工作师权利义务的立法受制于其他方面的立法，也影响相关立法，因此从系统的角度出发，通盘考虑，避免单一化。

---

① 郭道晖：《论法定权利与权利立法》，《法制现代化研究》，1995 年。

② Pamela Trevithick：《社会工作技巧：实践手册》，肖莉娜译，上海格致出版社、上海人民出版社，2010 年版。

第三章　历史与域外经验镜鉴

社会工作是西方舶来品，但发端于民国时期，民国时期社会工作相关的立法经验值得反思。域外的社会工作立法经验也值得我们进行借鉴。本章将对社会工作立法的历史和域外经验进行总结。

第一节　民国社会工作立法经验

中国社会工作发轫于民国时期，民国社会工作史却已为人们悄然遗忘。挖掘并研究民国社会工作立法史对揭开民国社会工作立法面纱以及当代社会工作立法均有重要意义。从民国时期算起，中国社会工作至今已百年。研究民国社会工作历史至少有两重意义①，一是提炼和研究前人留下的宝贵的本土经验，不仅借鉴域外先进经验，也要挖掘本土社会工作"矿产"，践行研究中国的"古今中外法"②。二是从头断认，揭开民国的另一层面纱。推动社会工作在中国扎根并长久发展，依赖社会工作制度建设，而制度建设又以社会工作立法为基础。当前社会工作立法课题研究意义日益凸显而仍处探索中，研究民国社会工作立法史依然具有彭秀良先生所言的两重意义。

立法既可以指制定、认可和变动法的活动，也可指称法的成果。社会工作立法则是指与社会工作相关的法律法规，通常包括社会工作师立法、社会工作组织立法、社会工作对象立法和社会工作行政管理立法。实际上，民国时期基本上形成了社会工作立法的框架，现目前涉及民国社会工作立法研究寥寥无几。民国时期中国社会工作居于世界前列，其中社会工作事业和受助群体立法得到学界关注。孙志丽、张昱在探讨中国社会工作发端中指出，1943 年 9 月南京国民政府颁布的《社会救济法》是我国历史上第一部系统的社会救济立法，这部救济法的颁布也标志着中国对于社会救济以及社会福利的关注，有力地推

---

① 彭秀良：《近代中国社会工作史研究的两重意义》，《博览群书》，2012 年第 2 期。
② 曹锦清：《如何研究中国》，上海人民出版社，2010 年版。

动了专业社会工作在中国的发展。① 彭秀良则系统梳理了民国时期的社会工作，其著述的社工界第一本民国社工史书《守望与开新：近代中国社会工作》挖掘了民国社会救济立法、社会保险立法、社会福利立法、社会优抚立法。② 总体说来，对民国社会工作立法的研究集中在框架的关注上，对细致内容的研究尚未深入。仅有的研究文献③④主要集中在社会行政体制和社会工作事业立法，忽略了民国社会工作员、社会团体立法，缺乏体系性的研究。笔者以为，民国时期社会工作立法体系包括社会工作员立法、社会团体立法、社会行政管理立法和社会事业立法。

一、民国时期社会工作员立法

1943 年，国民政府行政院颁布了《社会工作人员训练办法》(以下简称《办法》)。从体例上看，《办法》共八章 36 条，分别为总则、训练机关、训练人员、教务实施、培育实施、考核任免、经费与待遇、附则。《办法》规定中央社会部和地方对应训练行政机关举办训练班，训练对象从中央到省、县、市三个层级，主要为社会行政部门领导与监管者、人民团体干部、社会事业主要人员和其他人员。训练内容包括精神训练，注重民族意识、服务精神及高尚品格之培养；政治训练，注重社会政策、经济政策及政治常识之认识；业务训练，注重各种有关法规之研究及有关服务技术等知能之充实；军事训练，注重军事常识之灌输及军事化生活之养成。并设定了各项内容的比重。培育方法多样，训练实施项目分为小组讨论、个别谈话、自我检讨、自修指导、党务活动、劳动服务、座谈会、歌咏同乐会及各种竞赛，并详细规定了各类形式的注意点。考核机关负责保障训练纪律，同时期于训练干部之中兼收选拔人才之效。对于训练及格后属中央训练者由社会部分派工作，属地方训练者由地方政府分派工作。1945 年国民政府考试院颁布《特种社会工作人员考试规则》(以下简称《规则》)。《规则》将社会工作人员考试分为甲、乙两级，规定了两级考试的考试资格、考试科目，并规定社会工作人员考试及格者甲级以高级委任职或其相当职务任用，乙级以低级委任职或其相当职务任用。

---

① 孙志丽、张昱：《中国社会工作的发端》，《华东理工大学学报(社会科学版)》，2009 年第 4 期。
② 彭秀良：《守望与开新：近代中国的社会工作》，河北教育出版社，2010 年版。
③ 彭秀良：《守望与开新：近代中国的社会工作》，河北教育出版社，2010 年版。
④ 岳宗福：《近代中国社会保障立法研究(1912—1949)》，齐鲁书社，2006 年版。

民国时期专业社会工作尚未成为一种职业，两项社会工作员立法仍然是针对行政性社会工作师。但从社会工作师立法角度看，仍有值得学习之处。2009年民政部公布的《社会工作师继续教育办法》规定了继续教育的目的、对象、管理机关、继续教育机构、培训时间、内容、形式、费用、记录保存等。总体来说，现有的规定已经比较完全，可以借鉴民国时期的《办法》，对各项培训内容的比重进行规定，突出理论与实务的结合，采用业务不同的分类培训方式，规定培训的具体教学方式，给予培训经费的补贴，明细培训的考核等。两项立法另一突出特色是规定了训练考核或者考试及格者分派工作，极大地鼓励了社会工作人员自主学习，提升素质从而提高工作成效。虽然我们未必采取给予工作出路的措施，但是这种鼓励而非单纯行政管制的立法理念值得发扬。翻看民国时期的社会领域立法，如《捐资兴办社会福利事业褒奖条例》《社会部奖助社会福利事业暂行办法》《私立托儿所监督及奖励办法》，虽然是行政法规，但是奖励色彩浓重，有利于推进社会参与社会福利建设。

二、民国时期社会团体立法

1928年5月，南京国民政府内政部公布了《各地方救济院规则》，是南京政府成立后颁行的第一部专门救济法规①。该《各地方救济院规则》规定各地救济设施统称为"救济院"，要求各省区省会、特别市政府及县市政府所在地和人口繁多的各地设立救济院，救济院内部机构完备，分别设立养老所、孤儿所、残废所、育婴所、施医所、贷款所。尤其是其中的贷款所提供小本贷款方便，增进救济对象摆脱困境能力。《各地方救济院规则》的难能可贵之处还在于详细得规定了各类福利机构的教养规则和内容②。例如，养老所规定教授各类课程以及四类操作：甲类室内操作，有糊裱纸类物品、纺织及编造等物、简单书画等类；乙类操作包括饲养家畜、栽种植物；丙类为本地事宜之简单工艺；丁类为其他体力堪胜之操作。《各地方救济院规则》首次以法律形式规定救济经费列入政府预算③，不得挪减，明确了政府在社会救济的责任，保障了救济院的经费来源。

① 彭秀良：《守望与开新：近代中国的社会工作》，河北教育出版社，2010年版，第184页。
② 王思斌：《社会工作导论》，高等教育出版社，2004年版，第45页。
③ 岳宗福：《近代中国社会保障立法研究(1912—1949)》，齐鲁书社，2006年版，第231页。

1928 年 10 月，国民政府又制定了《管理各地方私立慈善机关规则》，由于法律位阶低，权威性不足，1929 年 6 月 12 日，国民政府正式公布了《监督慈善团体法》，成了近代中国第一部有关慈善事业的基本法[1]，7 月，施行细则也相应出台。《监督慈善团体法》及其施行细则对慈善团体成立目的、发起人资格、立案注册、会员与职员、募捐、解散以及会计清算等事项作了详细规定，同时规定对办理慈善事业卓有成效者给予奖励。内容上主要有三项，一是规定慈善团体的管理机构，二是关于慈善团体的登记、募捐、资金管理事项，三是关于慈善事业税收和奖励政策。第二项是本法的核心内容，立法不仅规定慈善团体在设立时需要得到主管机关许可，在业务上也要接受指导，募捐的范围也备受限制，财务管理则进行了更加严格的管理。本法规定：慈善团体所收支的款项、物品，应逐日登入账簿，所有单据应一律保存；慈善团体每届月终应将一月内收支款目及办事实况公开宣布；每年 6 月及 12 月，慈善团体应将财产的总额及收支的状况、办理的经过情形等内容呈报主管机关查核。法律的详细规定有力地规范了慈善团体的监管，推动了传统善堂善会向近代慈善团体的组织变革，并进一步规范引导慈善救济事业的转型与发展。

三、民国时期社会行政管理立法

随着西学东渐，西方社会福利思想的引入以及各个高校专业社会工作教育的影响，民国时期政府也注重完善社会行政管理立法，推动社会工作行政发展。

1911 年湖北军政府成立后设立了政事部负责管辖社会行政工作。中华民国临时政府成立后，设立内务部，下设承政厅，专责于社会行政工作。《南京临时政府内务部承政厅及各局办事规则》规定内务部设立民治、警务、礼教、土木、疆理、卫生六局，其中民治局负责抚恤、移民、监督慈善团体工作；卫生局负责中央卫生行政、预防和治疗传染病等工作。袁世凯时期先后公布了《内务部官制》《修正各部官制通则》《修正内务部官制》，逐步重视社会行政机构对于稳定社会的重要作用，社会行政机关的地位不断提升，直属于大总统管理。由于社会行政事务纷繁复杂，政府先后出台《内务部厅司分科章程》《内务部民治司分科章程》《内务部民治司变更分科职掌办法》《内务部厅司分科规则》对社会行政事务进行划分，但总体而言民治司是社会行政事务的主要承担机关。1920 年起，国务院公布《筹议赈灾临时委员会章程》《赈务处组织条例》以

---

[1]　周秋光、曾桂林：《民国时期的慈善法规述略》，载 http：//www. gmw. cn。

应对频繁发生的灾荒问题。立法规定内务、财政、农商、交通四个部组成临时赈灾委员会决策机关，专司临时救灾筹议和善后各事宜，委员会长由内务次长兼任，后来为了统一赈务行政，设立了赈务处，其经营赈款，灾区及赈济一切事务须向其汇报，权力甚大。①

南京国民政府成立之初设立内政部、赈灾委员会作为社会行政机关，1940年公布《社会部组织法》，社会部成为全国最高社会行政机关。1941年《社会部各司分科规则》规定，社会部下设多个司局，以社会福利司和劳工局与社会行政最为密切。社会福利司设置六个科，分别主管社会保险、劳工社会福利、社会服务、社会救济、儿童福利。② 地方社会行政机关则依据《省社会处组织大纲》《市政府掌管行政暂行办法》建立社会处、社会局。南京国民政府建立的较为系统的社会行政体系，积极承担社会福利事业的责任，拟定社会工作立法、完善地方社会行政机关、筹建社会救济团体，以增进每一国民的社会福利，将民国时期的社会福利事业推动了顶峰，诚如王思斌所言，其把社会立法法、社会政策的执行提到一个新水平，并推动我国的社会工作向现代化方向发展。③

四、民国时期社会事业立法

民国时期社会事业立法内容庞杂，范围宽泛，根据学界划分，可以将社会事业分为社会救济、社会保险、社会福利、社会抚恤，民国在此方面立法取得了不小的成绩。

社会救济领域最突出的成就就是 1943 年《社会救济法》正式颁行。该法是中国历史上第一部完整系统的救济法④，分为五章 53 条，分别规定了救济范围、设施、方法、经费和附则。本法的救济对象突破了传统的道德标准，对于有犯罪倾向人、从事不正当业务或受虐待妇女、懒惰成习或无正当职业的游民给予救济，其"已摆脱了传统社会的伦理道德标准，而更赋予现代的人文关怀，体现了现代政府的公平标准和一种管理责任"⑤。救济经费上，《社会救济法》规定了分级负担、分级管理和分级使用原则，主要是财政拨款；社会捐助

---

① 朱汉国：《中国社会通史（民国卷）》，山西教育出版社 1996 年版，第 503~504 页。

② 柯向峰：《社会救济》，正中书局，1947 年版，第 86~87 页。

③ 王思斌：《社会工作概论》，高等教育出版社，1999 年版，第 145 页。

④ 蔡勤禹：《民国社会救济立法述论》，青岛海洋大学学报（社会科学版），2002 年第 1 期。

⑤ 蔡勤禹：《国家、社会与弱势群体：民国时期的社会救济（1927—1949）》，天津人民出版社，2003 年版。

作为补充，国民政府予以鼓励，但不得摊派。救济方法多种多样，蔡勤禹①总结道，按照类型分为院内救济和院外救济，按照内容分为现金救济、实物救济、医疗救济、住宅救济、职业介绍，按照时间分为定期救济和不定期救济，按照主体分为政府救济和民间救济。院外救济方式广泛，包括免费医疗、免费助产、低息贷款、减免税赋、感化教育、技能训练、食物发放、廉价租房等。尤为突出的新型救济方法是职业介绍，向有工作能力而无工作机会的人介绍工作使其摆脱失业状态，作为制度性措施，职业介绍除了私人营利的组织外概不收费，为被救济者提供了独立生活的机会。从上述立法内容看出，民国的社会救济强调政府在救济中的责任，社会救济并非一种政府恩赐，展现出救济的全民性，救济乃公民的权利立法理念；社会救济方式多样，从消极救济转向现代的积极救济。

民国时期法学家们参与制定的《劳动法典草案》博采各国立法所长，内容完备，实是开"吾国劳动立法之新纪元"②，只是尚未颁行。正式颁行的唯一一部社会保险法规是《社会保险法原则》（以下简称《原则》）。该《原则》依据1947年国民政府实施的《中华民国宪法》第155条规定，国家为谋社会福利，应实施社会保险制度。本条规定被称为国民政府在大陆期间社会保险立法的最高成果。③《原则》针对不同的对象设计了四类保险，包括健康保险、伤害保险、老年遗族保险和失业保险；以强制加入保险为原则，保险费由事业主单独负担或事业主及被保险人分担或被保险人独自承担，政府对各类承担保险费方式都给予补助；国库支付举办社会保险基金。《原则》推动了民国社会保险事业的法制化，作为社会保险立法原则，指导各种社会保险单行法的立法。虽然在大陆已经被废止，但在中国台湾仍被视为社会保险法的"母法"，较大地影响着中国台湾的社会保险立法。

民国社会福利立法层次分明，领域广泛，基本搭建起现代社会福利法律框架与政策体系。④ 社会福利立法领域主要代表性立法是《职工福利金条例》。

---

① 蔡勤禹：《民国社会救济立法述论》，青岛海洋大学学报(社会科学版)，2002年第1期，第56页。

② 谢振民：《中华民国立法史(下册)》，中国政法大学出版社，2000年版，第1064页。

③ 岳宗福：《近代中国社会保障立法研究(1912—1949)》，齐鲁书社，2006年版，第304页。

④ 彭秀良：《守望与开新：近代中国的社会工作》，河北教育出版社，2010年版，第202页。

《职工福利金条例》为回应劳工福利资金缺乏，社会福利无法落实问题，强制规定提拔职工福利金，设定了提拔的比例和雇主与雇工分担比例，福利金保管使用的条件，并对办理职工福利事业成绩优异者给予奖励。可见政府在落实劳工社会福利方面的积极态度。另外，国民政府还先后颁布系列法规，内容涵盖监督私立托儿所、设置育幼院、收容领养儿童、儿童免费医疗等，形成了国民政府儿童福利立法的基本内容。①

民国时期社会抚恤立法内容众多，涉及公务人员、军人、教职人员、国民党党员抚恤立法。军人优抚关系到政权的稳定，备受统治者重视。抗战时期军人优抚意义更加凸显，1938年蒋介石参与签发《军事委员会公布抚恤委员会组织条例训令》《国民政府公布海军抚恤暂行条例》《国民政府公布空军抚恤条例训令》，先后出台《优待出征抗战军人家属办法》《优待出征抗战敌军人家属条例》等，推动对官兵和遗族的抚恤，以增高士气为全国抗战动员服务。抗战时期的社会优抚成为我国社会优抚发展的一个关键时期，由传统的道德给予转变为现代的权利义务关系，走向了社会抚恤的法制化轨道。

第二节　域外社会工作立法经验

一、域外社会工作立法概述

熊贵彬②对日本、韩国、中国台湾的社会工作立法进行了简略介绍，分别分析了英美法系和大陆法系在社会工作立法上的不同特点，认为东亚的社会工作立法体系可以分为专门综合立法、福利法内含社会工作立法和事务性立法三类，但是作者并没有提出大陆立法应该借鉴哪些内容。

竺效、杨飞③根据对各国或地区社会工作立法的梳理，将立法模式大致归纳为集中、分散和附属三类模式，认为我国应采用集中立法模式，制定一部本土社会工作法规作为该领域立法的标志性目标。社会工作法应属于社会主义法律体系组成部分的社会法部门。可以明确社会工作立法应以社会法基本法理为

---

① 岳宗福：《近代中国社会保障立法研究（1912—1949）》，齐鲁书社，2006年版，第332页。

② 熊贵彬：《东亚地区的社会工作法规制度》，《中国社会工作》，2008年第36期。

③ 竺效、杨飞：《域外社会工作立法模式研究及其对我国的启示》，《政治与法律》2008年第10期。

基础，应与社会法部门内其他法律协调配合。内容综合全面、采用章节体例、逻辑安排严密的社会工作集中立法可以极大地避免分散立法或附属立法缺点，起到有效规范和引领我国的社会工作，为社会建设保驾护航的作用。

竺效、杨飞、陈洪涛等承担的研究报告分析了主要法系的立法内容，提炼了其共同性内容，包括证书制度、社会工作师协会、社会工作师管理机构、法律责任、授权立法规定；特色性立法内容，如社会工作师分类管理制度、社会工作师合伙制度、社会工作师考试制度、社会工作师临时许可制度、社会工作师继续教育制度、过渡性措施制度、许可证书的洲际认证制度、社会公益服务机构制度、社会工作师职务津贴制度，并由此提出了我国《社会工作师条例》应采取集中立法模式、低度具体步骤，以及涵盖的要点①。这一研究报告为社会工作师立法提供了重要参考。

对于域外社工立法的介绍，目前公开出版的并不多。目前国内的研究集中在整体介绍，介绍也并不详细，涉及的国家或地区涵盖亚洲、北美、欧洲、非洲、中美洲，这些为深入移植研究提供了索引。

在亚洲国家和地区方面具有代表性的是日本的立法。日本颁布的《社会福祉士与护理福祉士法》是专门性的社会工作师法规，日本内阁颁布了《社会福祉士与护理福祉士法实施令》，对《社会福祉士与护理福祉士法》中的相关法律条款内容予以界定和明确，并规定相关收费项目和标准。厚生劳动省制定和颁布了一系列行政法规来落实《社会福祉士与护理福祉士法》，如《社会福祉士与护理福祉士法施行规则》以及一系列省令，规定了社会福祉士和护理福祉士的学校培养设施、考试机构、登录机构、考试科目、实习科目、培训机构、实习机构等以及社会工作机构、专业协会的规则《特定非营利活动法人日本社会福利工作的专业协会章程》。韩国则公布了如《社会福利事业法实施令》《社会福利从事者训练细则》《社会福利事业法实施办法》《社会工作师守则》等。中国台湾制定了"社会工作师法"及详细的"社会工作师法施行细则"，以及"社会工作伦理守则""社会工作师检核办法""社会工作师事务所换照办法""社会工作记录内容撰制注意事项"等社会工作法规制度。中国香港主要制定有《社会工作者注册条例》《纪律程序》《评核准则及认可学历》等。菲律宾有《公共社会工作师法》，印度尼西亚有《关于社会工作师基本任务、职责及工作守则的规定》和《关于社会工作师职务津贴的规定》。以色列于 1996 年出台了《社会工作师

---

① 竺效、杨飞、陈洪涛等：《世界各法系主要国家社会工作师立法情况研究》，载民政部社会工作司编：《社会工作立法问题研究》，中国社会出版社，2011 年版。

法》。

在北美洲地区具有代表性的是美国。美国加利福尼亚州于1945年制定了《社会工作注册法》，西弗吉尼亚州有《社会工作考官委员会法规》、阿拉斯加州有《阿拉斯加法律》第95章及《阿拉斯加行政法典》第18章。加拿大的曼尼托巴省的《注册社会工作师机构社团法》、艾伯塔省的《社会工作职业法》、安大略省的《社会工作及社会服务工作法》、萨斯喀彻温省的《社会工作师法》、新斯科舍省的《社会工作师法》。

欧洲地区，英国于1962年制定了《卫生访问专员和社会工作员训练法》。奥地利社会工作法是其2006年制定的《社会法典》之一部分，即《社会工作人员法》。比利时瓦隆地区有《社会工作师行业规范》、瑞典有《社会服务法》。

非洲地区，代表性相关法律有马耳他的《社会工作职业法》，南非的《社会服务职业法》。中美洲地区，伯利兹有《社会公益服务机构法》等。

二、域外社会工作师权利义务立法经验

(一)域外相关社会工作师权利义务内容

美国学者戴维指出社会工作师渎职的违法行为，也有学者指出了可能的民事和刑事纠纷，包括实习生错误介绍自己身份、没有取得案主同意而采取某种治疗措施、记录不准确不全、采用不适当或者激进的治疗方法、没有征求专家意见、没有寻求适当的督导、没有采取措施防止案主自杀、没有向第三方警示潜在的伤害。[1]另外，美国学者还提出了保密、接受礼物、约会、性骚扰、举报等法律伦理问题。[2][3]这些是美国本土的法律伦理问题，是否适宜中国仍然值得探讨，但无疑具有借鉴意义。对于举报义务，美国研究发现大量社会工作师有所目睹却不报告；刚入行的社会工作师没有完全理解自己依法报告的义务[4]。在美国，部分州的法律规定社会工作师享有特许保密通讯的法定权利，

---

① [美]戴维·罗伊斯等：《社会工作实习指导(第六版)》，何欣译，中国人民大学出版社，2011年版，第174~175页。

② [美]戴维·罗伊斯等：《社会工作实习指导(第六版)》，何欣译，中国人民大学出版社，2011年版，第175~187页。

③ [美]拉尔夫·多戈负、弗兰克·M.洛温伯格、唐纳哈林顿：《社会工作伦理实务工作指南(第七版)》，隋玉杰译，中国人民大学出版社，2005年版，第24页。

④ Ashton V. *Worker Judgements of Seriousness about and Reporting of Suspected Child Maltreatment*. Child Abuse and Neglect, 1999, 25(3), pp. 389-400.

这是保证未经最初提供资料者的同意，法庭不会披露特定的资料。Wigmore 指出了特许保密通讯的四个标准，分别为"一开始秘而不宣、保密对达到现有关系至关重要、社会支持此关系、强迫作证带来损害超过维护正义的好处"。①Storm Gottfried 分析了美国全国社会工作师协会在 1986 年到 1997 年间存档的伦理案件，发现违规案件中，"40%是性关系违规，其他类型包括工作差、不胜任工作、工作记录保管问题、诚实、保密、事先征求意见、侵犯同事权利、收费和利益冲突"。② 另外，中国台湾学者陈慧女提出了举报、访谈及侦讯规定、询问、陪同在场、保密的义务。③

（二）域外社会工作权利义务的借鉴

唐咏罗列了中国港澳台三地的社会工作师守则，从道德规范的角度设定了社会工作师权利义务。④这一做法混淆了法律与道德伦理。竺效、杨飞⑤在整体介绍国外社工立法情况时指出，加拿大艾伯塔省的《社会工作职业法》第 1 章"专用名称"，共 2 条，包括专用名称和禁令等内容；马耳他的《社会工作职业法》第 16 条规定了违法行为；日本的《社会福祉士与护理福祉士法》第 4 章，规定了社会福祉士及护理福祉士的义务；南非的《社会服务职业法》第 2 章"社会工作师、学生社会工作师、社会辅助工作者和其他从事经职业理事会确认之职业的人员的登记注册"，共 6 条，包括未注册人员不得从事由职业理事会确认的职业、违反和惩罚等，以及第 4 章"总则"，共 7 条，包括基于本法之请求而产生的法律援助、对被拒绝、惩罚或者吊销其注册的裁决不服提出申诉。作者的着眼点在于立法模式，因此对于社会工作师权利义务只是提到而没有分析。总体说来，日本、加拿大、美国、马耳他、南非以及中国台湾、中国香港等国家或地区的社会工作立法可以借鉴。

---

① Wigmore J. *Evidence in trials at common law*（rev. ed）. Boston：Little，Brown，1961（8）：52.

② Strom Gottfried K. *Ensuring ethical practice：An examination of NASW Code vilolations，1986-1997*. Social Work，45（3），pp. 251-307.

③ 陈慧女：《法律社会工作》，台北心理出版社，2004 年版。

④ 唐咏：《社会工作师的价值观与伦理建设——社会工作师条例权利和义务部分的建议说明》，《社会工作》，2008 年第 9 期。

⑤ 竺效、杨飞：《域外社会工作立法模式研究及其对我国的启示》，《政治与法律》，2008 年第 10 期。

第三节 对本土立法的启示

尽管我们讨论了域外社会工作立法经验,但是我们依然要注意到我国与其他国家及地区之间的差异,同时意识到不同国家及地区立法传统的分殊。同样,尽管我们讨论了历史上民国时期的社会工作立法经验,但是我们依然要意识到当代社会工作实践情境的差异。换言之,我们需要从古今中外,回归到当下的中国。

西方社会工作伦理的本土化议题得到学界重视,但是国内鲜有从法律角度讨论西方社会工作师行为规范本土化议题。袁光亮曾提到,"我国的社会工作组织和社会工作师必须坚持法律法规框架内的社会工作专业伦理,必须在法律法规允许的范围内开展职业活动,如果盲从西方社会工作伦理中的'保密''自决'原则,则不但会给社会带来隐患,也会给社会工作专业和职业带来灾难"。[①]一方面需要对社会工作伦理本土化,另一方面有一些伦理可以上升为法律法规,这同时也意味着社会工作师权利义务的本土化。我们举例来说明案主自决问题上立法的本土化。西方社会工作专业关系强调案主自决,案主有权力决定是否愿意接受帮助和接受怎样的帮助。在本土性社会工作中这一情况发生了变化。王思斌教授以"协商性"概括,强调社工与案主的协商,社工不仅仅处于咨询的角色;[②]李同以"案主自决的介入"概括,[③]但都不具体深入。本书以为,社会工作是一个转变人的工作,无论学者采用"案主自决"还是"协商性"等概念,目的是说明社工与案主围绕转变方案双方权力关系的大小。从社会工作师的角度来说,这形成了一个连续谱。从图2中可以看到,连续谱经历了从袖手旁观到代替包办多个层次的变化。除了连续谱右端的代替包办外,其左侧四个层次都属于案主自我决定应有的内涵。但是,西方语境下的案主自决更加强调连续谱的第二和第三层次,而在中国语境下,更加强调第四层次,是一种具有倾向性的"权威指导"。中国人似乎迷恋权威,对于权威专家的帮助总是希望能够给予具体的指导,而对于简单的建议咨询则会让人怀疑助人者的真诚

---

① 袁光亮:《我国社会工作立法思考》,《理论月刊》,2011年第7期,第141页。

② 王思斌:《中国社会的求-助关系——制度与文化的视角》,《社会学研究》,2001年第4期。

③ 李同:《现阶段本土性社会工作之专业关系研究》,《社会工作(学术版)》,2011年第10期。

性、可信度。

图 2

　　除了案主自决问题涉及法律，需要立法进行规制外，其他的比如社会工作师与政府的关系、社会工作师与公众的关系等都需要法律进行设定。系统地回答这个问题则需要整体理解本土的情境，回到中国社会工作的本土场域的特征中。这是第四章所要研究的问题。

第四章　社会工作师法定关系的本土场域

社会工作师权利义务立法研究是法学和社会工作的交叉学科议题。从法学学科角度研究这一问题容易忽视社会工作师的现实状况，从社会工作学科角度研究这一议题则容易缺乏法理的支持。就本书来说，社会工作师权利义务立法的现实基础并不能局限于社会工作师本身，需要将视野投入社会工作这一场域。场域是社会理论大师布迪厄创建的元概念。布迪厄社会实践理论对于社会工作专业的关键性启示并不仅仅在于场域、惯习、资本等概念，而在于关系主义思维方式的引入。社会工作场域即是一个关系性的场域，这一场域是社会工作师权利义务关系法定的基础。尤其是在中国语境下，社会工作作为舶来品有着诸多本土特性，这将深刻影响社会工作师权利义务立法的设定。

第一节　社会工作本土场域的强政治性

无论是西方社会工作还是中国社会工作，自其产生之初就有政治属性。不同的是，对于中国社会工作来说，这一场域政治性较强。

西方社会工作最早始于伊丽莎白的《济贫法》。这一法案确定了政府救济贫民的法定责任，以及相关的工作方法，是社会工作的雏形。随后，德国的汉堡制，以及俾斯麦从摇篮到坟墓的福利国家设计、英国贝弗里奇报告都以政府主导力量建构起福利制度，将社会工作纳入其中。换言之，在西方，政府赋予了社会工作的合法性，也建立了制度框架。随后，世界范围内的福利制度得以扩散。在经历经济危机、新管理主义和新自由主义的影响后，西方政府对福利制度进行了大幅度改革，社会工作也随之发生变化。可见，社会工作与政治力量的变化息息相关。

中国社会工作可以追溯到民国时期，但在中华人民共和国成立后由于社会意识形态的变化，高校社会工作专业逐渐被取消。这与当时的政治环境相关联，以阶级斗争为纲，认为社会主义社会并不需要解决社会问题的专业。改革开放以后，我国政府、市场和社会的关系发生变化，社会领域日益生成。值得注意的是，"社会"是在政府培育之下成长起来的，正是在政府的推动下社会工作教育得以恢复、社会服务机构力量快速壮大。然而，这一恢复和壮大是有所限度的。根据我国关于民办非企业单位以及社会团体的登记管理规范，社会组织受到严格审查。这反映了政府社会控制的意识。同时，社会工作专业以及社会服务机构还发挥着促进社会发展的作用。政府则努力在促进社会稳定与社会发展之间不断寻求平衡。随着社会转型的进一步加速，社会问题复杂化，单纯以来政府力量解决问题的弊端日益显现，社会力量的无法替代性也为此逐渐得到认可。为此，国家提出了"党委领导、政府主导、社会协同、公众参与、法治保障"的社会治理体制改革思路。在社会稳定和社会发展中着力于促进社会发展。2013 年，民政部提出了针对四类社会组织可以减少限制，以促进社会力量的壮大。这包括行业协会商会类、科技类、公益慈善类、城乡社区服务类社会组织。它们可以直接登记，不再需要业务主管单位审批。这降低了社会工作机构的成立门槛，促进了社会工作专业组织的发展。之所以如此，与社会工作机构的软性控制功能有密切关联。进言之，是因为社会工作机构能够吻合政府的期求，促进社会稳定与发展。

实际上正是与政治利益紧密结合后，中国社会工作有了大发展的机遇。这种政治期许在社会工作发展之初就嵌入其中，也将深刻影响中国社会工作的形态。社会工作的总体发展方向也受到这种政治意识形态和政治利益的影响。中国共产党第十八届三中全会、十九大确立的改善民生、加强和创新社会治理也是近年来发展社会工作的基本遵循。此外，这些文件中将社会工作师作为国家专业技术人才，以党管人才的形式表明中国共产党对于社会工作的领导。

近几年来，随着社会组织党建的推进，社会工作与党建的联系日益强化。党建工作要求党员在日常工作中主动亮出党员身份，而社会工作师亮出党员身份，从某种意义上是在强化社会工作的政治色彩。党建引领下，社会工作也设计、参与和实施越来越多的党建服务项目或活动。尽管各地关于社会工作与党建工作有着不同的做法，有的用党建工作取代社会工作，有的社会工作被纳入党的群众工作，有的主张社会工作与党建工作协同发展。无论何种做法，中国社会工作在新时代的发展无法脱离党建的影响。换言之，如何回应社会工作与党建工作的关系，是中国特色的社会工作问题。

在全球化的背景下，中国社会工作的本土化也是在全球社会工作场域争夺自身话语权、专业权力与地位的重要方式。西方社会工作的知识也只有借助本土化，实现与中国的政党、政府和社会利益相契合才能得到本土力量的支持。尤其中国化、中国特色是中国政治主体格外强调的一个主流话语。这套话语是中国共产党革命与执政经验所形成的历史传统，马克思主义中国化的毛泽东思想、中国特色社会主义理论体系等都是这一逻辑下形成的。作为指导思想，中国社会工作深受影响，尤为强调本土化的取向。

这种本土化与东西方社会工作的政治性分殊密切关联。这种差异从本源来说与社会工作不同的分析范式相关。这涉及对社会工作中"社会"的不同认知。马克思将社会作为一个整体的社会形态层面的概念理解，黑格尔眼中的社会是与国家相对立的私利的一个领域。在目前社会工作领域，使用较多的是国家-市场-社会三分框架。社会工作中所谓"社会"是一个国家、市场之外剩余的领域。在中国，国家对于市场和社会的整合性突出，而非西方强调三者的对立与制约。这种整合作用体现在中国社会工作的启动与发展是国家意志、国家力量主导的。葛道顺认为中国社会工作制度变迁是一种强制性变迁，① 表明了国家自上而下地强势推动。相对于西方社会工作从民间生长，进而通过国家规制、保障的过程，中国社会工作的产生、发展与政治力量相伴相生。这种政治力量不仅表现为政府的作用，还体现在政党的独特作用。中国社会的"政治"概念不同于西方。在西方，政党是隐含在国家之内的，而中国共产党有着独特的执政地位以及深远广泛的影响力，政党是可以显现在国家之外的。因此，中国社会工作的发展与中国共产党的独特关系也是社会工作本土化的重要现象。由此，以国家-社会或者国家-市场-社会分析框架的适用性就值得怀疑。在政治学界的分析中，政党往往作为一个独立中国社会分析要素，这值得我们反思。

由于国家、政党的特殊关系，它们必将形塑独特的中国社会工作品格。首先是中国社会工作使命的本土化。陈涛以"遣使-受任"的框架指出社会工作专业使命的塑造。② 尽管政党、国家、市场、社会力量都可以成为东西方社会的遣使者，但是中国社会工作的遣使者尤以政党、国家的力量凸显。相对于西方社会工作从社会控制走向人道主义的价值观转变③，中国社会工作作为一种软性社会控制，其维持社会稳定、促进社会控制的作用更为明显。中国社会工作之所以首先发生在司法社会工作系统，也与这一逻辑相呼应。其次，形成了社会工作机构对政府的依附关系。相对于西方，中国的公民社会仍在发展之中，

①　葛道顺：《社会工作制度建构：内涵、设置与嵌入》，《学习与实践》，2012 年第 10 期，第 81 页。

②　陈涛：《社会工作专业使命的探讨》，《社会学研究》，2011 年第 6 期，第 211 页。

③　蒋荣华：《从社会控制到人道主义——社会工作价值观的转型》，《社会》，2004 年第 11 期，第 34 页。

民间资源还不丰富，社会工作机构更多依赖于政府资源。以政府购买服务为主的制度使得社会工作机构很大程度上依附于政府，而自我独立性不足。最后，本土性社会工作与专业社会工作长久并存、持续互动将塑造不同于西方的社会工作形态。尽管我国专业社会工作恢复重建已经三十年，但是专业社会工作在职业化、专业化方面明显不足，简单地以专业社会工作替代行政性社会工作并不现实。在目前"和而不同"的背景下，推进二者的持续碰撞、深度融合，并最终转化为中国化的社会工作是未来的趋势。[1]

第二节　社会工作本土场域的文化性

社会工作本土场域的主体主要是两类，一是服务对象，二是社会工作师。服务对象的文化特征与性质是社会工作场域内社会工作师专业行动的依据。当前，学界比较关注的也是这一类别的文化特征。除此之外，围绕社会工作师的文化认知或者说对于社会工作行业的文化认知也十分重要。遗憾的是目前对后者关注并不多。接下来，我们将对这两个方面进行系统的阐述，这是社会工作职业主体权利义务立法的文化基础。

(一) 服务对象视角下社会工作的文化性

古希腊罗马思想中，强调幸福来源于与别人分享财富，为富人帮助穷人奠定思想基础。西方社会长期受到基督教教义的熏染，从事社会福利工作的人多以教徒为多，他们以基督教教义中思想为自己的行为指导。基督教的博爱思想，强调爱自己邻居、上帝面前人人平等、每个人都有天赋的尊严。文艺复兴运动中人道主义思想，认为人的尊严、权利和价值是最重要的观念。随着工业革命的推进，社会财富的增多，人文思想主张人是可以不断进步的。与此同时，民主运动兴盛，西方国家纷纷建立了民主制度，它们相信只要政府给予人民政治权利，人民就能够平等的享受社会资源，人民享用福利的权利得到重视。[2] 尽管这些思想有差异，但都认为无论残疾、罪犯抑或缺陷，人有生存的权利；人也应该得到符合人性的对待；人具有自己的价值，独立自主为自己的行为负责。

---

① 刘威：《"和而不同"：中国社会工作的实践分殊与经验会通》，《中州学刊》，2010年第6期，第109页。

② 周永新：《社会工作学新论》，商务印书馆，1994年版，第5页。

20世纪以来，尤其是第一次世界大战后，战争以及大规模人口的屠杀令人怀疑人性，质疑生存的价值。西方社会工作在哲学上信奉个人及社会的重建是当务之急。社会工作也因此尤为强调弗洛伊德的理论，以个案工作为主要方法。第一次世界大战后第二次世界大战前，社会主义思潮影响欧洲，有关福利制度的讨论成为主流，而费边主义大行其道。费边主义主张从资本主义到社会主义的渐进式改革，反对列宁式的革命。第二次世界大战后，福利国家成为主要的哲学思潮，这是国家重建以及社会主义思想的影响结果。随着第二次世界大战后重建的推进，社会物质财富迅速增加，人们的生活方式改变。20世纪60年代之后，个人主义抬头，成为社会的主流思想。总体来说，西方社会工作的主要哲学基础在于费边主义、中产阶级的个人主义，具有明显的种族中心色彩。①

中国人的传统文化结构是复合的，儒释道并用。费孝通先生晚年格外强调"文化自觉"，在中国的文化情境下，社会工作也需要我们自觉地审视文化对于社会工作的影响。其中儒家思想作为中国几千年来历代王朝推崇的统治思想，对人们的思想规范和行动指导具有决定性作用。对于儒家思想，不同学科有着不同的研究路径。社会学的根本问题在于个体与社会之间的关系。在此意义上，儒家思想是一个关系思想的研究脉络。总体来说，社会学下儒家思想是以儒家关系主义为哲学基础形成的一套调节社会关系的规范体系，包括"和""仁""礼""德""中庸"等概念。国内外的研究提出了诸多有意义的概念和论断，如"差序格局""弹性结构""位育""伦理本位、阶级无涉、关系无界""社会取向论""人伦人情人缘三位一体"等。随着研究的深入，黄光国、边燕杰等学者们从根源上提出了"关系主义"。边燕杰积极倡导中国化的关系社会学，以关系主义哲学为基础的中国关系社会学是以关系导向、伦理本位、熟亲信为特征的理论知识。社会工作界围绕二者的关联做了一些探讨。这些研究主要在两个层次上，一是倡导性的，如刘华丽等认为儒家人格思想应成为中国社会工作本土化的理论渊源，唐咏指出关系和嵌入是社会工作本土化的重要视角，何雪松等指出中国传统文化的关系主义可以成为社会工作的认识论和方法论基础，倡导对传统文化中的"仁""心""关系""势"展开研究。二是零碎的具体研究，如王思斌研究中国制度与文化视角下本土社会的求助关系，童敏以天人合一思想研究了社会工作理论的整合，钟桂男初步构建儒家社会工作。其中儒家

---

① 刘梦、张叶芳：《中国社会工作本土化过程分析》，《中华女子学院学报》，2001年第6期，第27页。

关系主义尤为值得注意。社会工作实务理论突出了社会工作的实践特质，在儒家关系主义思想下，很多传统的思想依然具有重要的实务意义。例如，潘光旦先生基于儒家文化提出的"位育"概念与布迪厄的"场域惯习"概念有着异曲同工之妙。"位育"源自《中庸》，"致中和，天地位焉，万物育焉"。就人类社会来说，行动者待在应待的位置上，社会秩序便有秩序；行动者在自己的位置上与环境生长，社会就进步了。总之，社会工作场域下，案主问题的产生就在于案主位置与惯习不对应。由此，我们能够理解，为什么在中国的民间助人系统中，"忍"是一种重要的应对问题方式，"无为"或者"退一步海阔天空"等都反映了国人面对问题时"不作为"的策略。这种策略看似消极地回避问题，但是有着积极的效果。从上述的分析来看，"忍""无为""退"实际上是案主"惯习"的自我调整，是适应自我位置的一种调适。主流社会工作所推崇的"有为"也存在着可能的风险，不作为有着自身的价值和意义。① 类似的例子还很多。对于社会工作的发展来说，除了思想的汲取外，还需要下大力气研究如何推进这些思想的技术化。曼海姆提出了"社会技术"的思想，而社会工作专业的立足，不能仅仅着眼于抽象的理论，亦要发展技术性的理论，为社会工作实践提供指引。因此，如何将传统的一些思想如"忍""顺其自然""中庸"等操作化是社会工作建设的重要议题。

此外，道家思想中人与自然的和谐以及天人合一的观念、佛家的虚无思想等都是中国传统文化独特的内容。对于佛家来说，佛家一直关注于"心"的研究，相关的佛经浩如烟海。其中最为著名的是汉传的《心经》，但是由于语言不通，依然有大量佛经以藏语形式存在，鲜为汉地人所知。佛家以及佛教诸多思想依然深刻影响着现代人，比如佛家讲的"虚空""放下"等思想。社会工作实践一方面要了解这些适用于多数人的内容，另一方面需要它们来面向部分佛教信徒开展佛教社会工作。

在现代，中国共产党作为马克思主义政党，马克思主义思想有着正统地位。然而，基于马克思主义的基本假设，人的行为是人所属社会阶层的情况，要改变人必须改变所属的社会阶层。这与西方社会工作强调的个人价值和自决相矛盾。② 然而，当代中国的思想也在改变，人道主义的引入缓和了这种矛盾。毛泽东思想和中国特色社会主义理论体系是马克思主义思想同中国相结合

---

① 童敏：《先秦哲学中"虚无"概念与社工的辩证思维》，首届社会工作理论研讨会，上海华东理工大学，2017 年 6 月 8 日。

② Gough Ian. *The Political Economy of the Welfare State*. London：Macmillan，1979.

的中国化成果。这一成果吸收了诸多西方思想和民族优秀文化，比如人民本位、社会和谐、共享发展等思想。它们构成了中国社会工作文化结构中不可获缺的一部分。

从目前初步的判断来看，首先在合法性上，马克思主义是基本的路向。马克思主义及其中国化思想成果是中国共产党的指导思想，通过政党和国家的意志上升为宪法，影响着中国社会各行各业。中国社会工作的发展必然要依托于中国化的毛泽东思想、中国特色社会主义理论体系。目前学界也有人在研究并提出"马克思主义社会工作"①②③。总体来说，马克思主义社会工作主要的观点在于跳出临床社会工作的微观取向，转而关注宏大的视野；注重平等关系和阶层关系。这一特点支撑了社会工作对于社区治理、社会治理宏观问题的倾向。此外，马克思主义的辩证唯物主义哲学观点更具有启发意义。因此，以此作为社会工作实践的哲学根基具有可行性。实际上，作为社会工作学者，无论是推动社会工作立法还是促进社会工作实践，我们都必须注意到官方话语的意义。在当代中国的社会工作研究中，容易出现三套话语体系。一套是民间的话语体系，一套是官方的话语体系，还有一套是学者的话语体系。学者的话语体系往往容易脱离民间和官方话语体系，自说自话，导致学术贡献缺乏社会根基。尤其是对于官方话语的忽视容易脱离国家治理实践。促进三者的融合，是当代社会工作学者的学术取向之一。对于社会工作场域的文化性而言，增进文化的敏感性就是要意识到官方话语对于我们的深刻影响，以及主动去理解这套体系，然后运用这套体系促进专业的发展。因此，作为官方话语的马克思主义的相关文化内容有着极为重要的意义。

（二）行业视角下的社会工作文化性

尽管从服务对象角度来说，服务对象的需求是社会工作职业发展的前提，但是当前存在着"有需求无市场"的现象，社会工作行业面临生存与发展的危机。其突出的表现就是高校社会工作专业的裁撤或者减招。这一突出的大背景就是中国高校开展的双一流教育改革以及高考制度改革。双一流大学建设即是

---

① 童敏、刘芳：《新时代的人文关怀：马克思主义社会工作的回顾与前瞻》，《浙江工商大学学报》，2019 年第 6 期，第 98~108 页。
② 邓玮：《马克思主义社会工作的实务取向及现实启示》，《华东理工大学学报（社会科学版）》，2014 年第 4 期。
③ 范时杰：《以马克思主义中国化建构社会工作理论的价值和方法》，《社会福利（理论版）》，2000 年第 3 期，第 2~6 页。

建设一流大学、一流学科，这一改革从 2017 年开始，是"985 工程""211 工程"之后又一个重大的教育改革。以此导致高校针对学科开始重新配置，国家层面、省级层面再到学校层面的一流学科竞争展开。原来依靠大而全的规模制胜的高校转向以特色优势学科来获得财政拨款。总体来说，社会工作专业在一流学科的竞争中并不占优势。在一流学科的评定标准中，无论是科研成果还是招生规模、就业人数等，社会工作专业都处于弱势。因此，在整个学校内部的建设中，为了参与省级和国家级一流大学、一流学科的竞争并取得优势，诸多高校对社会工作专业动手。我们看到一些高校取消了本科教育层次的社会工作专业，比如中山大学、山东师范大学、山东财经大学等。还有一些高校减少了社会工作专业的招生名额。社会工作专业的教育因此受到重大冲击。另外一个重大背景就是高考改革制度改革。以山东为例，山东实施的 2019 年高考改革制度不再按照学校录取招生，而是以专业为主。这意味着专业突出在前，以专业优劣为标准进行录取等级划分，学校隐藏在专业背后。学生对于专业的认知度往往决定是否报考，进而影响到专业存亡。目前大多数学生及其家长对于社会工作专业知晓度低、认同度低，而开设社会工作专业的院校也不少。因此，在社会工作专业发展方面不占优势的高校有着较高的概率会面临招不到学生风险。对于高校来说，理性的思路无疑是减少社会工作的招生名额或者直接取消本专业的招生。

在这一问题的解释有很多，但本书认为社会工作行业的文化属性是根本原因。总体上来说，透视个体和社会可以从多个角度，主要有技术、制度和文化属性三个维度。社会工作的制度建构并不完善，社会工作的技术也缺乏独特性，这些都得到了学界的广泛讨论。但是社会工作的文化属性却鲜有人充分探讨。强势文化造就强势个体与社会，弱势文化造就弱势个体与社会。一个行业、一个家族或者地域的兴盛往往与其文化氛围密切相关。社会工作的文化属性是怎样的呢？

在东方的文化中，社会服务是弱势的文化。社会工作的本质是助人自助，但只是在道德制高点上来标榜自我。对于现代社会分工来说，可以认为每一个专业都是在助人自助，这种共同的理念是专业得以在高校生存的价值之基。社会工作专业以此作为自我的本质性解释无疑是不充分的。专业文化之间的差异在于助人自助的知识与实践方式存在分殊。2020 年在应对新冠肺炎疫情中，习近平指出"要发挥社会工作的专业优势，支持广大社工、义工和志愿者开展心理疏导、情绪支持、保障支持等服务"。这反映出高层对于社会工作的文化认知就在于心理、情绪和保障支持上。这些支持在东方的文化属性中的价值地位如何呢？总体来看，这处于弱势地位。社会工作在保障支持上做了一些陪护、照顾等工作，这些固然有着重要的意义，但是与经济学、法学等强势专业相比并不占优势。从我国台湾地区及东亚地区社会工作的发展来看，尽管它们的社会工作专业发展比之大陆成熟，但是中国台湾地区的社会工作专业在当地地位并不高，在韩国、日本亦是如此。这与东亚共处的东方文化圈有密切关系。

对此，一方面我们要认清自身的文化特点，不好高骛远；另一方面，要积极进行改变。本书认为，中国社会工作仍然处于建构中，我们应当试图增进社会工作的强势方面，比如医务社会工作是社会工作领域中地位较高者，原因就在于它嵌入文化属性较高的医疗行业。社会工作的发展路径上，我们可以考虑借鉴英国的做法，在公务员体系内设置大量社会工作岗位，通过政治地位提升来促进社会工作人才队伍建设。在专业内涵上，社会工作应当强化在社会关系调适、社会资本建设以及经济收益方面的价值。再者，通过社会工作立法，赋予社会工作专业自主权并给予充分保障。立法应当注意到社会工作的弱势文化属性，致力于提升其文化之势，促进行业整体的发展。

第三节　社会工作本土场域的实践性

中国专业社会工作的实践现状与西方有着较大的差异。这是社会工作师相关立法的现实基础。

按照中国中央组织部和民政部等 19 个部门的发布的《社会工作专业人才队伍建设中长期规划（2011—2020 年）》的设计，到 2020 年中国社会工作人才的总数要达到 300 万。然而，截至 2019 年 7 月，根据民政部的发布会显示我国有专业社会工作人才 120 余万，其中有 43.9 万人取得社会工作相关职业资格证书，这与当初的规划相去较大。值得注意的是，这 120 万多人的专业社会工作人才有大量没有获得职业资格证书，但通过了相关的继续教育或者培训。即使是取得职业资格证书的四十余万人，也有大量并未执业。因此，社会工作专业科班毕业并选择从事社会工作职业的人才数量并不多。现实显示的问题是大量的社会工作人员流失，这与社会工作职业的待遇不高、社会认可不高有密切关系。除此之外，在社会工作人才的结构中，高级社会工作人才更为匮乏。2019 年国家首次举办高级社会工作师资格考试，高级社会工作师认证也才刚刚起步。此外，包括社会工作督导、社会工作评估人才等高级实务人员并不能满足现实的需要。尽管目前高校设立了社会工作博士方向，但了解实践、回应实践需求的高级研究者匮乏。社会工作尤其需要大量社会工作干预研究的内容，但现有的教师职称评定办法并不有利于这一方向的研究，相关的障碍有待于持续改革。

当前，大量的媒体报道、官方话语使用并未清楚"社工"这个概念的独特内涵。大量社区工作者被简称为"社工"。当下存在的一些"社会工作奖"更是将社会工作等同于志愿性的社会服务。这些原有存在的概念混淆了专业社会工作与之差别，也让人们迷惑于社会工作人员为何还要接受高等教育，对于社会工作作为一个排他性职业形成了社会性的挤压。对于这些现象，社会工作界并没有采取充足行动，导致这种混淆持续存在，形成了恶性循环。所谓"名不正则言不顺"。实际上，最为有效的应对方式就是通过立法确定"社会工作"相关名称的专门性，由最高位阶的法律予以确认，在全社会推行。在本书看来，这也正是相关社会工作立法研究与倡导的首要意义。

当然，尽管法律的政治宣传意义较为重要，但是民众对于社会工作相关名称专门性问题的认知也需要有一个逐渐接受的过程。例如，在医院系统我国逐步设置了医务社工部，安排了专门的医务社会工作岗位。然而，对于医务社会工作是什么，能够做什么，哪些不能做，其专业与职业边界在哪里并没有厘清。医务社会工作师往往如同医生一样穿上大白褂，行走在医院内开展社会工作服务。多数患者由此认为医务社会工作师是医生，而以"医生"称呼之。随着医务社会工作师服务的开展，越来越多的患者了解到社会工作师，从而改变了称呼，称之为社工。这种改变反映了社会工作成长的过程，也反映出中国社会工作实践具有过渡性，这是需要立法者考虑的现实基础。

从实践的具体领域看，中国社会工作的本土实践主要是在社区领域展开。围绕社区治理，社会工作参与到社区建设各个层面，政府也通过购买社区服务项目来支持社会工作发展。司法社会工作是社会工作发展较早的领域，这与政府最为直接的社会稳定的诉求相关联。此外，近年来，医务社会工作得到快速发展。从具体的实践技术看，中国社会工作的技术性并不强，多数还停留在经验层面。我们尚未发展出本土的专业技术，但是这种呼声越来越强。

接下来我们来看西方社会工作的实践。总体而言，西方社会工作的实践是成熟性的。西方社会工作师在总人口的占有比例较大，且素质较高。以美国为例，大约每500人中有1名社会工作师，而注册的社会工作师中硕士学位占88%。西方国家社会工作实践领域表现出内部的差异。美国社会工作的领域主要集中在四个方面，其一是儿童、家庭和学校社会工作，近一半的社会工作师在此领域执业；其二是精神健康和药物戒除社会工作，大约占20%；其三是医疗和卫生社会工作，也在 20% 左右；其四是政府、高校和研究部门，大约10%。① 总体来说，美国社会工作师主要在民间非营利组织就业，领域主要是微观的临床实践。英国社会工作师有超过 90% 受雇于地方公共服务部门。这些部门是政府的组成部分，由中央政府和地方税收来支持。换言之，只有少部分社会工作师如同美国社会工作师执业于私营部门。② 从职业发展来说，合格的专业社会工作师能够较快地进入行政部门。从工作的领域来看，英国社会工作师主要提供住房、教育、休闲服务、图书服务、个人社会服务。其中面向特殊群体的服务包括针对儿童、老人、精神健康领域的服务。

西方社会工作在本国实践中发展了临床实践模式和精致的技术。比如美国萨提亚基于临床多年的实践，创建了联合家庭治疗模式，这是家庭社会工作治疗的重要模式之一。该模式从实践经验中总结了的基本阶段包括回溯原生家庭重塑自我、关系的舞蹈等，提炼的技巧包括家庭雕塑、影响轮、团体测温、家庭关系图。Steve de Shazer 及 Insoo Berg 夫妇在短期家族治疗中心发展了焦点解决短期治疗。这一模式受到后现代主义思潮、埃里克森以及心智研究社系统观的影响，并发展了奇迹问句、应对问句、评量问句、例外问句等语言技术。总体来看，基于各国人群和本地的实践场域，西方社会工作产生了诸多理论模式与技巧，并传播于世界各地。

社会工作的实践场域是各种力量关系塑造的结果。这意味着社会工作实践场域是凝聚地方不同特色的焦点。同时，场域是一个受到惯习指引而行动的"社会小世界"。社会工作师的专业惯习作为一种性情倾向系统，一方面有着专业的普适性，跨越具体不同的社会工作实践领域；另一方面也具有一定的弹性、创造性，根据环境的变化而创建新的知识与智慧。从中我们可以看到实践场域的复杂性。这对社会工作知识的运用与生产产生重要的影响。

从社会工作实践中知识的运用来看，由于东西方社会工作实践面向不同的种族、人群，所处理的问题是基于不同经济社会发展阶段而产生的。西方社会工作在整体处于经济社会成熟阶段，而中国社会工作尚处于构建阶段，两者的实践场域有着较大的差异。这种差异至少表现在社会工作实践的侧重领域不同，中国社会工作注重社区层面的宏观干预，而西方社会工作以微观临床为重心，偏向心理学化。西方社会工作注重标准化的社会工作流程与技巧，而中国

① 陈鲁南：《当前美国社工职业状况》，《中国社会导刊》，2007 年第 12 期，第 58~59 页。

② 郑永强：《英国社会工作》，中国社会出版社，2010 年版。

社会工作强调整体的分析与干预。

第四节　社会工作本土场域的关系性

场域本身是一个关系主义建构下的元概念，社会工作本土场域的关系性更为突出。这一关系性表现在两个方面，一是社会工作职业的面向是关系性的，二是社会工作自身也处于一个关系性的网络中。前者更多体现的是社会工作服务对象所处的关系性网络空间，而后者表现的是社会工作职业主体所处的关系网络。正是社会工作主体(网络)与对象(网络)之间的复杂性的关系缠绕构成了社会工作场域。这一复杂的关系网络是社会工作师权利义务立法的原生对象，只不过是通过一定的标准筛选出适宜上升为法律层面的关系丛，进而立法予以确认。接下来本书将对此展开讨论。

(一)社会工作对象的关系性

对于社会工作的服务对象，学界曾经流行使用"案主"这一概念，后来逐渐使用"服务对象"来替代。个案工作方法是社会工作中最早出现的专业方法，也奠基了社会工作的知识体系。"案主"这个概念就是来源于个案工作。随着小组工作、社区工作以及其他整合性工作方法的出现，社会工作的工作对象逐步扩展，"案主"一词已经不能够充分表达社会工作服务群体的变化。人们逐渐使用"服务对象"来替代它。"服务对象"更具有弹性，尤其是它能够隐含和包容社会工作的"社会性"走向。

"社会工作"概念本身包含"社会"，似乎工作的对象应该是宏大的社会。然而，遗憾的是社会工作的"社会性"是更为匮乏的。学界对于西方社会工作历史的梳理发现，西方社会工作随着市场化、自由化以及新管理主义等影响，存在着"去社会化"的现象。[①] 当然，这是西方社会工作的历史表现。当下，西方社会工作界也在不断反思，尝试重新找回社会工作的"社会"。中国学界在这一前沿背景下，基于中国社会治理等宏大背景，提出我国社会工作的基本趋势是走向社会性。[②] 然而，对于什么是社会工作的"社会性"，以及社会性何以可能却并非定论。这一问题分歧的根源还在于对于本身即富有争议的"社会"

---

① 李伟、杨彩云：《市场化与社会工作的"去社会化"——基于美国社会工作的考察》，《社会工作与管理》，2019 年第 5 期。
② 徐选国：《中国社会工作发展的社会性转向》，《社会工作》，2017 年第 3 期。

理解上。

社会可以从多个层面进行理解，这与社会理论中的范式相倚。实证主义认为社会是一个整体，主张社会唯实论论。人文主义传统则认为在本体上认为社会是相对的；批判主义范式则从历史现实主义出发理解社会的本体。① 后两者则主上社会唯名论。基于这些理论范式的分殊，学界讨论了专业化与社会性之间的冲突，也有人指出两者的内在一致性。②③ 社会可以理解为整体的，包括国家、市场和狭义的社会领域；也可以理解为剩余的领域，即国家、市场之外的领域。专业化发展一个基本的问题是解决本学科的研究对象问题。社会工作的研究对象是什么呢？如果这个问题不清晰，社会工作无法成为一个学科，也无法实现真正的专业化。对于社会工作立法来说，立法也需要基于这些共识而设定法律。无疑，社会工作如果能"如其所是"，那么"社会"就应当是社会工作的研究对象。然而，这只是将一个问题转换到另外一个问题，我们依然无法回答"社会"在哪里。

本书认为，我们需要重新回到范式层面来进行根本性的反思。当下对于社会的理解可以归纳为实体论和关系论两种。无论是实证主义还是人文主义等，它们处于实体论下。其中的人文主义尽管也强调交往的、主观的认识论，但并非彻底的关系论。关系论主张先有关系然后才有关系中的个体、社会。人文主义则主张是个体之间交往形成关系，这并非关系论。正是因为我们一直以实体论为默认的前提，我们一直迷思于社会工作的社会性问题。因此，本书主张"关系性"才是社会工作的本质所在。在二元论下使用"社会性"概念依然在默认个体与社会的二元对立，进而转换成"专业性"与"社会性"对立的问题。为此，我们要超越这一概念，以"关系性"整合二者。

回到社会工作服务对象的关系性上来说，服务对象既不仅仅是社会的，也不仅仅是个体的，它是关系性的。学者们广泛讨论的"社区为本的社会工作"在实质上是构建个体与社会的桥梁。而在关系主义看来，关系网络才是真正的内容。社会工作看待服务对象也需要以关系性视野进行分析。对于个案工作来说，社会工作眼中的个体也是在关系网络中，因此社会工作的分析和介入方案不自觉地要回到案主的家庭关系、社区关系网络中，甚至宏大的社会政策层

---

① 文军：《西方社会学理论：经典传统与当代转向》，上海人民出版社，2006 年版。

② 刘振、徐永祥：《专业性与社会性的互构：里士满社会工作的历史命题及其当代意义》，《学海》，2019 年第 4 期。

③ 陈锋、陈涛：《社会工作的"社会性"探讨》，《社会工作》，2017 年第 3 期。

面。当然,需要指出的是,这种关系性并非抽象的,而是在前述文化性、政治性、实践性基础上的关系性。它们赋予了关系网络以丰富的内涵,构建了真正的关系网络机体。

(二)社会工作主体的关系性

社会工作师是社会工作介入的主体,但是社会工作师本身也是一个复杂的关系网络,具有强烈的关系性。实质上,也只有在关系性下,社会工作师才能够胜任实践的需要。这种关系性指的是社会工作师并非个体化存在的,而是在机构的资源网络、个体的资源网络、社会的资源网络以及其他资源网络中存在的。换言之,关系论下,只有先有后者的整体性网络才能具有介入能力的社会工作师个体。这一点常常为我们所忽略,导致我们的相关政策文件聚焦于个体,而且误以为社会工作个体具有强大的改变能力,可以"以生命影响生命"。其实,真正的力量在于社会工作行动的个体所嵌入的网络。

这一网络需要立法进行充分且充足的构建。当前社会工作制度建设存在诸多问题,尽管有关人才队伍的中央部门政策文件出台,也构建了基本的骨架,但是相关的配套措施缺失。这主要表现在社会工作行动主体单枪匹马地参与社会治理,缺乏网络资源的搭建。在这现实背景下,我们质疑社会工作的专业能力不足,专业优势无法显现是不公平的。尤其是对专业社会工作师与以社区居委工作人员为代表的实际社会工作人员进行比较,我们往往忽略了实际社会工作师在地域长期累积的关系网络优势。对于社会工作师权利义务立法来说,我们需要从立法上构建围绕社会工作师专业行动的关系网络,畅通其中资源的流通与输入。

那么,这些网络构成应当有哪些呢?社会工作师首先在特定的部门或者机构中工作,这些同事构成了社会工作师个体关系网络的第一层。这一层关系网络并不像想象中那样简单。有些社会工作师是工作于专门的社会工作师事务所,周围的同事也基本是社会工作专业出身,因此对于专业有着共享的价值观和知识体系。这一范畴的同事关系网络较为简单。还有部分社会工作师是工作在特定部门设置的社会工作岗位上工作,因此周围的同事专业多元。例如有的医院并未成立医务社工部,而是在医患纠纷办公室设置一名社会工作岗位。这导致社会工作师需要与其他专业人员充分沟通,获得专业认可才能充分发挥专业价值。由于目前社会工作专业的知晓度和认可度不高,不少人也存在着误解;专业社会工作师在融入特定部门或机构也存在着一些问题,这些为社会工作师关系网络构建带来了不便。尤其值得注意的是,当前的不少部门存在着转岗做社工的人员，而且充当着领导的角色。他们与专业社工的关系直接影响社会工作服务的走向和效果。比如有的医务社工部的主任不是专业社工担任，而是由护士或者其他部门人员转任，在非专业人员的领导下社会工作师如何保障服务的专业性值得反思。这从微观层面折射了当下行政性社会工作与专业社会工作互构性演化现象。在二者的互构中，需要立法对专业社会工作师予以支持。此外，社会工作师所在部门机构与其他部门机构之间的关系网络是整体关系网络的第二层。这取决于机构或者部门间的合作关系。为此，行业协会可以促进这些主体之间的纵横联系，社会工作师及其机构可以依赖于个体的私人关系构建关系网络。最后，第三层关系网络是社会工作师与媒体、政府、公共场所等的关系网络。这些有待于制度化的建构，需要国家从法律上进行设定。例如，新闻媒体能够免费为社会工作行动提供公益宣传、募集信息传播等；公共场所可以为社会工作服务开放，社会工作师能够申请并获得警察协助对一些危险性较强的服务对象开展活动等。

在社会工作场域内，除了社会工作服务对象、社会工作师外，二者之间的专业关系也极为重要。这一关系是联结二者的纽带，可以划分到两个关系网络中任一个。本土化进程中，专业关系还未呈现西方社会工作主流知识所要求的状态，而往往表现为一种折中的中间状态①。这种关系状态以制度化信任为基础，意味着法律出台的必要性；也有着非制度化信任的必要性，需要立法者充分考虑这种张力。

---

① 杨超、何雪松：《社会工作专业关系的动态合宜：基于上海的质性研究》，载《中国社会工作研究(第十五辑)》，社会科学文献出版社，2017年版。

第五章　我国社会工作师权利关系法定

第一节　社会工作师职业资格权

　　从社会工作师权利体系角度看，社会工作师职业资格权是资格权的体现。职业主体资格属于行政许可的范畴，从行政许可的相对人或者受益人来说，职业主体资格是法律赋予特定主体的权利和资格。享有特定职业资格权，也意味着满足法律规定的条件的特定主体有权准入某职业，享有对应职业名称独享权，而对不符合资格的人具有排他性，非特定资格者从事本职业的行为或者使用职业名称权要承担相应的法律责任。我国社会工作师的职业资格权包括两个部分，其一是通过国家职业资格考试合格者有权申请并要求有关部门授予职业资格证书，符合注册条件社会工作师有权要求有关部门给予注册的权利。这项内容并没有争议。权利的第二项内容也就是国家赋予社会工作师这一职业群体使用职业头衔或者称号的权利，这也是要着重讨论的内容。

　　在立法规定上，有的国家或地区从义务主体角度进行规定，如马耳他的《社会工作职业法》第 16 条、以色列 1996 年的《社会工作师法》第 5 条规定、南非的《社会服务职业法》第 15 条规定、美国的《西弗吉尼亚法典》第 30 章第 30 节第 1 条规定以及美国的《爱荷华法典》第 154C. 2 条规定等。有的国家或地区从社会工作师权利角度进行规定，如加拿大新斯科舍省的《社会工作师法》第 53 条规定了注册社会工作师有权使用注册社会工作师或者其缩写的头衔。第 54 条规定了候选注册社会工作师有权使用候选注册社会工作师及其缩写的头衔。加拿大艾尔伯特省的《社会工作师职业条例》第 10 条规定了授权社会工作师使用专门的头衔。加拿大英属哥伦比亚的《社会工作师法》第 18 条规定对社会工作师头衔保护权利。中国香港的《社会工作者注册条例》第 34 条详细规定了社会工作师头衔专用及例外情形。英国的《照顾标准法》第 61 条规定了使用社会照顾工作者头衔权利。对于行政许可的性质其实也存在不同看法。如果从大量未得到行政许可的相对人的角度来说，行政许可"在性质上不是简单的赋权，而更主要作用在于限制一些公民、法人和其他组织对某类权利和资格的任意享有和自由运用"①。职业主体资格权也具有了控制性。之所以如此，在于防止任何人可以随意从事某种职业行为，损害服务对象的利益，也不利于国家的长远利益发展。正是由于对职业资格行政许性质理解的侧重点不一样，各个国家在社会工作师职业资格相关的规定上也迥异。典型代表是日本的《社会福祉士法和介护福祉士法》第 48 条规定：不是社会福祉士的人，不可使用社会福祉士这个名称；不是介护福祉士的人，不可使用介护福祉士这个名称。这项规定的特殊性在于义务主体是社会工作师，也就是说立法者认为侵犯社会工作师名称权的人主要在于社会工作师，法律以控制社会工作师资格为目标，体现了行政许可的控制性。由于社会工作师职业资格许可具有双重性质，立法上讲这些规定都是合乎法理的。我国立法都可采用之。

除了形式上的比较外，接下来从立法内容进行比较分析。首先，分析各国及地区的立法发现，这些立法规定了除非注册或者领有职业证书者，不得享有相关权利，也就是把国家授权认可作为资格权利的前提。如加拿大艾尔伯特省 2003 年的《社会工作职业法》规定，社会工作师使用头衔时必须使用"注册"一词作为头衔前缀。其次，由于社会工作师的职业有多种类型，各国立法也明确了各个类别的职业头衔的专门权。如美国的《西弗吉尼亚法典》第 30 章第 30 节第 1 条规定了除非注册，任何人不得使用临床社会工作师、认证社会工作师、受训社会工作师、社会工作师称号。美国的《爱荷华法典》第 154C. 2 条规定，除非依照本章规定注册，任何人不得使用暗示或代表注册学士社会工作师、注册硕士社会工作师或者注册独立社会工作师称号。这些无不是以本国或地区社会工作师职业类别为基础的。再者，权利的保护是通过对行为的禁止来实现的。各国禁止使用社会工作师名称或者从事社会工作职业活动的具体行为形态也是多样的，比如以色列 1996 年的《社会工作师法》中提到的"冒充社会工作师""使用误导性的社会工作师头衔"；南非的《社会服务职业法》中提到的"假装社会工作师"；马耳他的《社会工作职业法》规定的"行使、假装或者意在成为一个社会工作师"；加拿大艾尔伯特省 2003 年的《社会工作职业法》规定的"代表或者宣称或者暗示本人是注册社会工作师"。总体看来，社会工作师名称权利保护主要是禁止直接使用名称或者暗示名称以及直接从事社会工作活动，可见法律的保护具有宽延性，从直接和间接的角度充分保护社会工作师权

---

① 徐景波：《试论行政许可的几个问题》，《黑龙江省政法管理干部学院学报》，2002 年第 1 期，第 41 页。

利。再次，社会工作师的名称在称呼的表述上也存在差异，有的国家和地区也注意到此，并在法律上进行了详细规定。如加拿大艾尔伯特省 2003 年的《社会工作职业法》第 2 条详细规定了除了注册的社会工作师外，任何人不得使用注册社会工作师，或者任何其他本法描述的头衔，或者单独使用这一头衔的缩写，或者和其他词语一起使用；不得使用 R.S.W 或者单独使用其他缩写或者与其他词语、字母、符号、缩写一同使用。中国香港的《社会工作者注册条例》第 34 条规定，不是名列注册记录册的人无权使用以下名衔：注册社会工作师或者"register social worker"的称谓；"R.S.W."的英文缩写；"社会工作"或"social work"或"社会工作师"或"社工"或"social worker"的称谓，不论是否连同任何其他称谓或英文缩写使用或以其他方式使用，以描述其专业为社会工作专业或描述其社会工作专业资格。对比发现，中国香港的立法采用概括式和列举式并用方式描述，概括规定不得采用任何名称描述其为社会工作专业或者社会工作专业资格。而列举描述上与加拿大艾尔伯特省具有一致性，即描述了三类情形：非注册社会工作师不得使用注册社会工作师的英文全称、不得使用注册社会工作师的英文缩写、不得用其他字符连用注册社会工作师的英文全称与缩写。除此之外，中国香港还禁止了中文名称"注册社会工作师"的非法使用，并把名称从"注册社会工作师"扩展到"社会工作"及其缩写"社工""社会工作师"上，保护名称的范围更为广泛。最后，职业资格权也并非没有例外，中国香港的《社会工作者注册条例》第 34 条第 3 款规定，任何人若确实具有学术或专业资格，则不论他是否具有资格注册，第 1 款不得解释为禁止该人述明该学术或专业的资格，也就是说即使有的人没有注册，但是事实上具有社会工作师的学术或专业资格，中国香港的法律是予以认可的。

　　以上诸多域外经验可资借鉴，但有几点涉及中国内地社会工作的现实情况。首先讨论的是社会工作相关的名称混乱现象。2004 年原劳动与社会保障部颁布的《社会工作者国家职业标准》确立"社会工作者"是一种经过专门资格认证的职业，职业等级分为四等。2006 年人事部、民政部《关于印发〈社会工作者职业水平评价暂行规定〉和〈助理社会工作师、社会工作师职业水平考试实施办法〉的通知》又提出了"社会工作师"的概念，作为与"社会工作者"的同义词使用。实际生活中，人们对社会工作的理解也是多样的，有人将社会工作师等同于义工，有人扩大化认为所有在社会中工作的人都是社会工作师，有人把社会工作师与社区工作者混淆，等等。实际上，社会工作职业立法尤其是其中对职业资格权的规定实际上就是要厘清概念，发挥统一社会工作行业头衔、提高社会工作从业人员知晓度的作用。Israel Doron 等对以色列的《社会工作师法》实施 10 年后的情况进行调查发现，社会工作师立法中界定社会工作对于形塑社会工作职业，提高公众认可度和政治权利的认可的意义突出①。目前学界主要的称呼是"社会工作师"与"社会工作者"之分。笔者以为，我国可以采用"社会工作师"来统一概念。首先从其他专业技术职业立法经验来看，如专业的法律工作者并不称为法律工作者，而是叫作律师，并有《中华人民共和国律师法》。专业的医务工作者中的医生并不称为医务工作者，而是叫作医师，并有《中华人民共和国执业医师法》。另外注意到其他的注册会计师、建造师、监理工程师等称呼都会发现，这些专业技术岗位以"师"字而结尾，表明这一岗位的专业地位，相反"社会工作者"中"者"字仅仅是一个中性词，无法从字面上就彰显社会工作的专业及其地位。实际上，与中国大陆最为类似的中国台湾的立法就采用"社会工作师"的称谓。社会工作专业从业人员在中国大陆当下的地位本来就不高，如果社会工作行业人员都自行主张采用"社会工作者"无疑是自降地位，更会引起社会大众的混淆。接下来的一个问题就是社会工作者(师)的头衔分类问题。我国民政部、人事部的文件把社会工作师分为三个等级，即助理社会工作师、社会工作师、高级社会工作师，其中的社会工作师就是中级社会工作师。笔者以为，应该将三类统称为社会工作师，并分为助理、中级和高级三类，不可再用"社会工作师"默认"中级社会工作师"以徒增概念新含义，导致现实中发生职业名称混淆使用的现象。对于社会工作师的管理，我国目前采用通过考试授予证书方式来认可特定级别的社会工作师。相应的，要享有助理社会工作师、中级社会工作师、高级社会工作师的头衔也应该通过考试领有对应的证书。非领有对应的证书不得使用对应的社会工作师称号。在头衔的表述上，社会工作师可以简称"社工师"，也应禁止非获得证书者使用。社会工作师执业往往要经过注册或者获得执业执照，加拿大、中国香港等的做法是注册，中国台湾的做法是要求社会工作师申请执业执照，因此只有经过注册或者获得执业执照的社会工作师在头衔前需要标明"注册"或"执业"。2009 年民政部发布的《关于印发社会工作者职业水平证书登记办法的通知》并未确立社会工作者(师)登记与执业的关系，地方规定上《东莞市社会工作者登记注册实施办法(试行)》《珠海市社会工作促进办法》《上海市社会工作师(助理)注册管理试行办法》则明确了社会工作师被相关单位聘用，专业从事社会工作才能进行注册，也就是说注册社会工作师是执业社会工作师。这同

---

① Israel Doron, Yitzchak Rosner, Mirit Karpel. *Law*, *Social Work and Professionalism*: *Israeli Social Workers' Attitudes towards the 1996 Social Workers Act*. Journal of Social Welfare & Family La, 2008, 1(30).

时意味着只有注册了的各级社会工作师才能在职业称谓中加入"注册"一词。另外，中国内地是否需要扩大社工师头衔保护范围，并禁止他人使用"社工""社会工作师"的称呼？笔者以为，"社工"实际上是一个统称的概念，既包括社会工作师，也包括没有通过国家职业资格的从事社会工作的人。另外，社会中也确实存在大量事实上拥有社会工作专业学术或者专业资格，但没有通过社会工作师考试的人，法律无法禁止他们使用"社工"。而"社会工作者"概念源于《社会工作者国家职业标准》，现在不少民政部门的官方语言仍然也在继续使用这一概念，其在国内还有一定的认同度，因此即使立法通过禁止性规定也只能是宣示性规定，无法有效落实，最终丧失法律的威信。

基于以上分析，笔者以为我国社会工作师职业资格权上立法可以规定三条。第一条，依法符合条件的人员有权要求有关部门授予社会工作师证书或者给予注册的权利。第二条，获得社会工作师各级证书者享有使用对应级别头衔的权利；除非领有社会工作师证书，任何人不得以宣称、暗示方式使用社会工作师头衔或者其简称或者与其他字符连用。第三条，经过注册的各级社会工作师享有使用各级注册社会工作师头衔的权利；除非获得注册，任何人不得以宣称、暗示方式使用注册社会工作师头衔或者其简称或者与其他字符连用。

第二节　社会工作师专业自主权

社会工作师享有的专业自主权利属于社会工作师权利体系中的行为权利。自主权常见于高校办学自主权、企业经营自主权、婚姻自主权等，表明在某一领域或方面特定主体所拥有的自我支配的权利。医学领域一个重要目标是尊重病人的自主权，社会工作领域也有案主自决权的服务原则。专业自主权是专业技术人员在专业范围内的自由支配的权利。从业人员享有专业自主权是衡量一个专业的核心特征之一，反映专业水平高低，也直接影响从业人员的专业服务效果。社会工作师作为社会工作的专业人才，享有专业自主权是专业化在法律层面的体现，立法确定社会工作师专业自主权也就是以法律保障社会工作师独立运用专业知识和能力，发挥专业作用的空间，以免受他人的干扰。Dornbusch、Scott[1] 和 Rothman [2]的研究指出，由于社会工作是一

---

[1]　Dornbusch, Sanford M., W. Richard Scott. *Evaluation and the Exercise of Authority*. San Francisco：Jossey-Bass，1975.

[2]　Rothman Jack. *Planning and Organizing for Social Change：Action Priciples from Social Science Research*. New York：Columbia University Press，1974.

个与三教九流打交道，问题疑难复杂，解决希望渺小，在决策时候更需要具体问题具体分析，社会工作师更应该有自主权。在中国当下有着重要意义。社会工作师最为重要的权利就是专业自主权，没有专业自主权保障社会工作的专业力量就无法施展，社会工作的专业性也将备受质疑，社会工作的行业发展也将阻力重重。社会工作在我国仍处于职业化进程中，社会认可度不高，常受到各种干涉，影响其专业活动的开展。法定社会工作师专业自主权利，有益于从整体上保障我国社会工作师开展专业活动，推进社会工作职业顺利发展。

社会工作师的专业自主权内容是什么？学界对教师的专业自主权有较多的研究，认为教师的专业自主权是一个权利综合体，一般认为包括教育教学权、学术研究权、管理学生权、参与管理学校权、进修培训权等①②。由于教师的基本活动是教育、教学、研究以及管理，教师的专业自主权也基本上从围绕此。我国的《执业医师法》第 21 条第 1 款规定，执业医师在注册的执业范围内，进行医学诊查、疾病调查、医学处置、出具相应的医学证明文件，选择合理的医疗、预防、保健方案。这也就赋予了执业医师在特定范围内诊断调查、设计方案进行医学处置的权利，与执业医师的基本活动相适应。社工界目前尚未见有人提出社会工作师的专业自主权概念，比较相近的是有人③提出了社会工作师的"一定范围内的处置权"。由于处置权并非法学规范概念，笔者采用较为规范的"专业自主权"概念。专业自主权的内容上也应该与社会工作师的执业活动相适应。因此关键问题就是社会工作师的执业活动有哪些？前述学者提出的"专业处置权"界定为社会工作师有权设计和选择合理的服务方案④，聚焦在服务方案上。另外，有人提出社会工作师享有改变和拒绝提供服务的权力⑤。虽然作者并未提出权利的名称，但改变和拒绝提供服务从属于社会工作师服务，也是社会工作师服务活动内容。社会工作作为一个"一体多面"的专

① 吴志宏：《把教育专业自主权回归教师》，《教育发展研究》，2002 年第 9 期。

② 吴小贻：《教师专业自主权的解读及实现》，《教育研究》，2006 年第 7 期。

③ 黎军、张旭：《社会工作师法定权利义务研究》，载民政部社会工作司编：《社会工作立法问题研究》，北京中国社会出版社，2011 年版，第 129 页。

④ 黎军、张旭：《社会工作师法定权利义务研究》，载民政部社会工作司编：《社会工作立法问题研究》，北京中国社会出版社，2011 年版，第 129 页。

⑤ 唐咏：《社会工作师的价值观与伦理建设——社会工作师条例权利和义务部分的建议说明》，《社会工作》，2008 年第 9 期，第 28 页。

业和职业，以"个体的社会关系体系"①为研究和工作对象，追求"照顾、治疗、改变社会"的使命②，从业者的工作内容也因此是综合庞杂的。由于分类标准千差万别，社工界也是见仁见智。从过程架构的角度说，社会工作界一般有共识，认为社会工作实务的一般过程包括接案、预估、计划、介入、评估、结案和跟进等阶段。如果这一过程适用于所有社会工作专业服务过程，那么社会工作师的专业自主权也就是以上过程中的自主权，同时也涵盖上述学者提到的权利内容。从我国的《社会工作者国家职业标准》看，上述社会工作实务过程只是描述了国家四级社会工作师的服务，而其他级别的社会工作师无法纳入其中。事实上，一般实务过程是指直接社会工作服务的过程，而间接社会工作服务包括社会工作督导、咨询、研究、行政和项目管理。因此，总体来说，社会工作师专业自主权是社会工作师在直接服务中进行接案、预估、计划、介入、评估、结案和跟进，以及进行社会工作督导、咨询、研究、行政和项目管理时所享有的自主权利，不受他人非法干涉。

事实上，社会工作师的专业自主权往往受到各种干涉。由于社会工作师执行于特定机构，专业自主权首先可能受到社工机构的限制。社会工作师分布的机构广泛，总体而言可以将社工机构分为三个类型：伴生型、政府主导型和自主型③。伴生型社工机构是在原有的体制内设置社会工作岗位或者部门的组织，如医院医务社工部、企业社工岗位。这类机构的社会工作师主要的干涉来源是依存的组织，主要矛盾是社会工作师专业自主权与组织的行政权间的张力。政府主导型社工组织是政府力量发挥主导作用的社工机构，如上海新航社区服务总站、上海自强社会服务总社。这类社工组织顾名思义，存在的主要矛盾是社会工作师专业自主权与政府行政权的张力。自主型社会工作组织是典型的社会工作机构，具有较强的民间性、专业性和自主性，相对于前两类，执业社会工作师专业自主权有着较大的空间。以上分析总体说来，社会工作师的专业自主权主要是行政权的干涉。社会工作制度发展的关键在于政社关系的缕清，而中国仍然处于这一过渡阶段或者说混沌状态。现实的状况是社工机构成为"二政府"或者企事业单位的"伙计"，社工师也被迫做了大量非专业的事务，

---

① 张昱：《个体社会关系是社会工作的基本对象——灾后社会工作的实践反思》，载王思斌主编：《中国社会工作研究（第六辑）》，北京社会科学文献出版社，2008年版。

② [美]莫拉莱斯、谢弗：《社会工作：一体多面的专业》，顾东辉、王承恩、高建秀等译，上海社会科学院出版社，2008年版。

③ 蔡屹、何雪松：《社会工作人才的三维能力模型——基于社工机构的质性研究》，《华东理工大学学报（社会科学版）》，2012年第4期。

影响甚至无法发挥专业技能，社工师的专业自主权被压缩或者取消。发挥社会工作师专业性，也不能因此取消"行政权"，寻求行政权与专业权的协调共生是解决二者张力的目标。目前的问题就是"大行政而小专业"，以立法形式明确保障社会工作师的专业空间，是协调二者关系的有力手段之一。

　　社会工作师专业自主权反对上述行政权的无端干涉，但仍是在一定范围内的自主权要受到一定的限制。首先不能有违案主自决权。案主自决权是社会工作的核心原则之一，社会工作师"在尊重案主价值和尊严以及确信案主具有能够改变能力的前提下，提供给案主认识自身潜能的机会，帮助案主对当下情景作出分析，鼓励案主自我做主和自我决定的工作伦理原则"①。社会工作师唯有限定自我的专业自主权而将最终的决定权交于案主，才能实现社会工作所秉承的"助人自助"的理念。从法理上讲，既赋予社会工作师发挥专业作用的空间，也保障案主自决权，符合法益配置的平衡性原则，力求平衡各方利益。案主自决权产生于西方，在当前中国本土实践可能面临困境，但在本土化进程中，实际上也是"中国人主体意识觉醒、传统文化多元因素不断挖掘的同步过程"②，西方案主自决权与传统逻辑处于不断交融状态，可以确定的是案主自决权在中国是有融入空间的。此外，社会工作机构还设有督导这一特殊的岗位，督导员在机构中为中层管理者，发挥承上启下的作用，一方面管理直接提供服务的工作者，另一方面也要受到高层的管理③。其主要面向项目的管理运行，发挥行政性、教育性、支持性三大功能④。在域外，督导对社会工作师承担连带责任，这符合上级负责制等学说。我国虽然还没有相关立法规定，但从法理上讲是站得住脚的，未来立法也应无出其右。Rowbottom、Hay 和 Bills 认为，"对于社会工作师的指导、检查、评估以及必要时的处罚，督导员不仅拥有管理的权利，而且负有管理的义务"⑤。Landau 和 Baerwald 通过实证研究发

---

①　易钢、吴斌：《案主自决的理论、实践及其选择》，《理论学刊》，2007 年第 6 期。

②　王健：《社会工作"案主自决"原则在中国本土实践中的困境》，《社会工作》，2010年第 3 期。

③　[美]阿尔弗雷多·卡杜山、丹尼尔·哈克尼斯：《社会工作督导》，郭名倞等译，中国人民大学出版社，2008 年版。

④　顾东辉：《社会工作概论》，上海复旦大学出版社，2008 年版。

⑤　Rowbottom, Hay, Bills. *Social Serviece Departments—Developing Patterns of Work and Organization*. London：Heinemann，1976.

现，在社会工作实务的伦理抉择中，督导员是唯一能够产生重要影响的人①。我国不少社工机构中社会工作师提出的个案、小组、社区工作方案往往设置了"社会工作督导意见"一栏目，表明督导对社会工作师的专业服务方案有决定权。可以把督导员与社会工作师看作是一体，但就社会工作师而言，督导对其专业自主权无疑有权进行限制。督导介入社会工作师的专业自主权，与其说是限制，不如说是为了更好地利用自我丰富经验和知识保障专业性实现。

根据以上的分析，笔者以为社会工作师专业自主权可以规定为：社会工作师享有专业自主权，在接案、预估、计划、介入、评估、结案和跟进，以及进行社会工作督导、咨询、研究、行政和项目管理时不受他人非法干涉。但应接受督导员的督导并不得侵犯服务对象的自决权。

第三节　社会工作师请求协助权

法律诚然有其重要作用，但是也容易被人诟病为口号宣誓，缺乏实际意义。以色列的《社会工作师法》实施多年后的调查发现，社会工作师认为本法律的政治意义远远大于实际指导意义，《社会工作师法》与社工们的工作的密切性并不高②。在争论中国社会工作立法的推进路线上，有人③④认为"社会工作立法发展大体可分为三个阶段：第一阶段，以社会工作专业为核心，全面开展主体立法，尽快完成《社会工作师条例》；第二阶段，修改并完善事业立法和权益立法，写入社会工作内容；第三阶段，随着我国社会工作发展的不断成熟，立法技术的不断提高，最终制定统一的总纲性的《社会工作法》"。也有人主张，"应当先出台《社会工作促进法》以及《中国社会服务法》，以促进政府职能全面转型，促进政府和民间非政府机构在社会建设上的广泛合作，协助政府打造公共服务的平台，协助政府建立购买服务的机制，为社会工作人才队伍成

① Landau, Baerwald. *Ethical Judgement, Code of Ethics, and Supervision in Ethical Decision Making in Social Work: Findings Form an Israeli Sample.* Journal of Applied Social Sciences, 1999, 23(2), pp.21-29.

② Israel Doron, Yitzchak Rosner, Mirit Karpel. *Law, Social Work and Professionalism: Israeli Social Workers' Attitudes towards the 1996 Social Workers Act.* Journal of Social Welfare & Family Law, 2008, 1(30).

③ 王云斌：《社会工作立法框架建构研究》，《社会福利(理论版)》，2012年第8期。

④ 竺效、杨飞：《域外社会工作立法模式研究及其对我国的启示》，《政治与法律》，2008年第10期。

长和社会工作制度建设打下坚实的法律基础。只有在这部法律出台后，公共服务体系才有可能建立。而在此之后，才宜进入社会工作师法、社会工作教育法、社会工作师注册法等分支法规的立法阶段"①。笔者以为，前一种观点有可能走向立法成为一纸空文的道路，目前中国所出台的部分社会工作主体相关规章也并未解决社会工作发展的实质问题。社会工作在中国的嵌入式发展意味着社会工作必须置身原有的社会福利体系中，得到从信息流、资源流、人力流等多方面的支持。目前，社会工作与这些关系流的关系尚未打通，社会工作的配套制度也就不完善，社会工作即使肩负社会建设使命也是步履维艰。从宏观回到微观的社会工作师的权利，其专业自主权的落实有赖于支持性的权利保障，也就是相关部门、组织和个人在有关相关方面予以协助。笔者以"请求协助权"统称。对于社会工作支持体系的规划和建设，这本身是一个重大而复杂的系统性问题，需要通过诸多立法实现，有待学界进一步研究。但不可否认，也有必要从社会工作师的权利角度以概括方式明确规定社会工作师的请求协助的权利，这是因为社会工作师的权利规定在社会工作的基本法中，作为基本法有必要对诸多支持性下位法的基本内容进行规定。那么，社会工作师在实现专业自主权需要得到哪些协助呢？

有人对我国社会工作师立法需求进行调查，访谈中有的服务对象表示："政府应该赋予他们（社工）一定的权利，最好是和公务员的权利相等，这样才可以更好地为我们服务""（社工）可以知道一些案主家庭的隐私，像收入之类的都可以""至少可以知道一些家庭的电话号等，因为联系需要"②。这是从服务对象的角度在说社会工作师有必要了解服务对象相关信息。在中国香港，社会工作被称为"应用社会科学"，其重要的一点就是应用社会调查的知识技能进行预估，而预估的前提就是能够搜集到"人与环境"的全面的信息，这是社会工作介入的前提。因此，社会工作的开展就有必要保障社会工作师可以获取有关服务对象等专业服务所需的信息。社会工作师有关的服务对象的信息一方面通过与服务对象的访谈获得，另外一方面由于中国实际的社会工作的存在，社会工作师所需的资料往往集中在街道办事处、社区工作站、医院、福利服务中心、学校、民政局、公安部门等。它们已经集中了大量的有关服务对象的信

---

① 谢泽宪：《广东地区社会工作立法需求状况调查及立法路径建议》，载王思斌主编：《社会工作文选（总第六辑）》，2008 年。

② 曲玉波、李惠、姜翠敏等：《我国社会工作者立法需求研究报告》，载民政部社会工作司编：《社会工作立法问题研究》，中国社会出版社，2011 年版，第 160 页。

息和资料，甚至已经形成了数据库，占有信息资源优势。专业社会工作的兴起，实际社会工作的长期存在，二者关系也很微妙。也有学者认为我国形成了民政社会工作、专业社会工作、草根社会工作三足鼎立的发展格局。[①] 虽然在社会工作的类型划分上不一定认同，但专业社会工作与实际社会工作存在竞争性，实践中的确看到实际社会工作对专业社会工作的进入的排斥现象。这就会造成社会工作师不大容易从现在的部门、组织获取相关的信息和资料。有人对深圳社会工作师面对的困难进行调查发现，社会工作师不能经常性得到配合的达到70.4%[②]。我国的《律师法》第34条规定的律师阅卷权，另外《注册会计师法》第17条、《海关报关员管理办法》第27条第2项也有类似要求给予信息和资料获取协助的规定，这与律师、会计师、海关员开展辩护、审计和稽查的功能相适应。社会工作师的工作也亦如此，也需要法律从权利保障上进行类似规定。当然，正如有的民政部门担心社会工作师一旦获取相关信息后会滥用信息，社会工作师在享有获取信息资料权利的同时也要履行保密的义务，并且信息的获取也是有一定的限度的。首先信息是与专业工作的开展有必然联系的；再者根据我国其他的法律，对涉及商业秘密、国家秘密等信息不予公开，社会工作师也无法要求获取。

社会工作另外一点的特殊性是服务对象独特。社会工作师应对的问题往往是服务对象多年积累的疑难问题，一般在个体的助人体系无法解决的时候才会求助于专业的社会工作，因此社会工作所面临的服务对象也容易将社会工作师作为发泄的替罪羊。尤其是有些社会工作师在处理家庭暴力、社区矫正、精神病患者等特殊领域和群体的问题时，面临的危险性更大。实际上，社会工作师在执行原来由政府公权力机关执行的任务，而政府公权力机关往往有警察或者公安力量进行执法的保障。社会工作师作为第三部门的从业者，本身若无安全力量支持，难以想象社会工作师的个人安全会得到保障，社会工作的岗位也不会有专业人才持续进入，行业自然也无法持续发展下去。对此问题，中国台湾地区的学者在2009年台湾的"社会工作师法"修订时提出了专门草案，认为社会工作师依法执行业务，在有遭受暴力胁迫、骚扰、人身安全或财产损害之虞时，得请求警察机关共同协助执行公权力及提供必要安全戒护，警察机关不得

---

① 刘威：《"和而不同"：中国社会工作的实践分殊与经验会通》，《中州学刊》，2011年第11期。

② 黎军、张旭：《社会工作师法定权利义务研究》，载民政部社会工作司编：《社会工作立法问题研究》，中国社会出版社，2011年版，第129~130页。

拒绝。修正颁布的"社会工作师"第 19 条基本采纳这一规定：社会工作师依法执行公权力职务，有受到身体或精神上不法侵害之虞者，得请求警察机关提供必要之协助。其他国家的立法多采用事后保障的方式，也就是在社会工作师遭受损害后借助其他人身保护或者财产保护的法律予以救济。但在专门的社会工作师立法中常常找不到此项权利的规定。笔者以为，有必要将事后救济前移，确立事中救济方式。这一方面能及时减少对社会工作师的损害，减少事后救济法律成本，另一方面也体现国家对社会工作师的激励和保障，对于减消社会工作师从业者顾虑，鼓励更多人士进入社会工作行业也有积极意义。因此，我国大陆社会工作师立法可以专门规定一条，社会工作师在开展专业活动时，受到或可能受到身体或精神上不法侵害时，有权请求公安机关提供必要协助。

现在学界比较关注的是社会工作的职业化、专业化和本土化，对于资源整合问题重视不足。彭善民等以为现有三大瓶颈产生原因很大程度上在于社工机构社会资本与资源整合机制的缺失所致。① 这是从机构层面来讲，从社会工作师微观角度说，社会工作师资源整合对于社会工作专业活动开展至关重要。不少社会工作师在服务中发现，一些服务对象的问题其实就是资源短缺的问题，即使社会工作师运用所学专业知识技能调整服务对象个人，没有资源支持，问题解决总是停留在表面。然而，现实的问题是，社会工作师的资源并不充足。目前，大量的资源集中在政府和企业手中，尤其是政府手中。因此，发展社会工作需要政府层面放开职权，出台政策，允许社会工作可利用政府体系内资源，并鼓励企业资源承担社会责任。有人为此提出了整合资源的思路，即政府主导、社区居委会主办、社区单位协同发挥信息技术整合作用②。这一思路符合实际，就社会工作师而言，保障其享有社区居委主办的资源圈就需要从法律上赋予社会工作师利用社区资源的权利。接下来的问题是，资源的具体内容是什么？对此，可以参照《深圳经济特区慈善事业促进条例(送审稿)》第 69 条，其规定了深圳国有媒体和公共场所的支持慈善事业的义务。实际上，社会工作师在依托本机构资源的基础上，所需的主要资源就是场地设施和媒体资源。由此，我国立法可以赋予社会工作师权利，其有权请求利用国有媒体资源和公共场所设施。

以上分析了社会工作师享有的请求获得信息资料、公安机关安全保障、国

---

① 彭善民、张宇莲等：《都市社会工作资源整合模式探索》，《华东理工大学学报(社会科学版)》，2007 年第 1 期。

② 徐永祥、孙莹：《社区工作》，北京高等教育出版社，2004 年版。

有媒体资源和公共场所设施利用的权利。除了我国台湾地区外，域外很少有国家、地区专门规定社会工作师的请求权。这与法系的差异有关，也与域外不少国家和地区的社会工作配套制度相对完善，支持体系健全有关。基于我国社会工作由政府主导推动的特点，社会工作综合体系仍不完善，有必要专门由法律赋予社会工作师请求协助权，这是符合我国现实状况的。

第四节　社会工作师保障性权利

社会工作师的保障性权利属于社会工作师权力体系的第三类——救济性权利。"要实现权利必须有保障权利的权利，保障性权利是保障行为权利得到实现的程序性权利，法律中的权利必须得到保障，否则这种权利就不能称之为权利。无保障就无权利是基本的法律原理。"①社会工作师享有以上几项权利，但也会遇到来自国家、社会和个人侵犯的情形，此时若无配套的保障性权利救济，权利则成为空谈。保障性的权利明确了借助国家强制力保证权利的程序，为权利的真正实现提供了可能性。一般而言，权利救济主要有行政性救济和司法救济两种手段。从法益配置的角度来说，赋予社会工作师行政救济的权利实际上是以权利启动权力，以权力对抗权力，防止国家行政机关权力滥用或者失职。赋予社会工作师司法救济的权利实际是以权利启动国家司法权力，实现权利对权利、以权利和权力的对抗，达到法益配置平衡的目的。

司法救济的权利，即有诉讼的权利，也是较为普遍的权利救济方式。马耳他的《社会工作职业法》第10条，加拿大萨斯喀彻温省的《社会工作师法》第34条、第37条都进行了规定。我国各个职业主体默认享有的一项救济权利，社会工作师理应享有此项法定权利。

从职业立法先例上看，我国《教师法》《公证员执业管理办法》《注册监理工程师管理规定》《海关报关员管理办法》都规定了特定主体申诉的救济性权利。申诉权是我国公民的一项基本权利，宪法中列明，"公民的合法权益，因行政机关或司法机关作出的错误的、违法的决定或判决，或者因国家工作人员的违法失职行为而受到侵害时，受害公民有向有关机关申述理由，要求重新处理的权利。……主要有以下两种情况：（1）对已经发生法律效力的判决和裁定，当事人、被告人及其家属或者其他公民，可以向人民法院或者人民检察院提出申

---

① 刘玲、征汉年、章群：《法律权利基本问题研究》，《河池学院学报》，2005年第4期，第87页。

诉，要求改正或者撤销原判决或裁定；(2)公民对于行政机关所作出的行政处罚的决定不服时，可向其上级机关或者有关国家机关提出申诉，要求改正或者撤销原决定"①。一般将前者限定为行政申诉，将后者限定为当事人请求再审的申诉和行政处罚申诉。② 请求再审的申诉对于法院已有的判决的申诉，一般并无异议。行政申诉则在国外得到较多关注，社会工作师立法中救济权也多以行政申诉形式规定。马耳他的《社会工作职业法》第9条第3款规定了社会工作师的辩护权，第10条规定了社会工作师的申诉权。南非的《社会服务职业法》第25条明确规定了行政申诉权利。加拿大萨斯喀彻温省的《社会工作师法》第22条规定，艾尔伯特省的《社会工作职业法》第6章纪律部分都有申诉权规定。在我国，虽然包括行政申诉在内的申诉权是公民的基本权利，但是行政申诉的救济对象目前被局限在有人事隶属关系的行政机关内部公务员或特定职业人员的救济(即前述专门规定申诉权的教师、公证员、报关员、注册监理工程师等)。由于我国缺乏专门的《行政申诉法》，除非专门法律规定，一般的行政争议适用《行政复议法》。社会工作师除了通过行政复议救济权利外，法律是否规定其行政申诉的权利呢？笔者以为，中国的社会工作师应当有行政申诉权利。一方面，这是国际做法；另一方面，这本身是民主国家中赋予公民对国家权力监督和救济的重要手段。我国行政申诉立法的缺乏本身已经问题众多，社会工作师权利立法不应守残抱缺。职业立法中行政申诉权较为完整的立法是《教师法》，其第39条规定，教师认为学校或者其他教育机构侵犯其合法权益的，或者对学校或者其他教育机构作出的处理不服的，可以向教育行政部门提出申诉，教育行政部门应当在接到申诉的30日内，作出处理；教师认为当地人民政府有关行政部门侵犯其根据本法规定享有的权利的，可以向同级人民政府或者上一级人民政府有关部门提出申诉，同级人民政府或者上一级人民政府有关部门应当作出处理。参照教师职业的立法，社会工作师对主管行政部门、机构侵犯权利或者所做的处理不服的，可以向主管行政部门提出申诉。社会工作师认为当地政府有关部门侵犯其享有的权利的，可以向同级政府或上一级政府进行申诉。申诉的内容主要是侵犯社会工作师权利的行为。国外申诉权中规定申诉的内容主要是针对社会工作师注册的行政许可问题，包括注册申请拒绝、恢复注册受拒、吊销注册；再有针对社会工作行政处罚的行为的申诉。我国社会工作师申诉权的内容除此之外，还有对专业自主权、请求协助权权利

---

① 魏定仁：《宪法学》，北京大学出版社，1999年版，第160页。

② 茅铭晨：《论宪法申诉权的落实和发展》，《现代法学》，2002年第6期，第80页。

受到侵犯或者有关行政部门失职的情形进行申诉。目前，我国社会工作师专门立法尚未出台，地方立法中如《珠海市社会工作促进办法》第 53 条，虽然明确规定了社会工作师未经登记和注册执业的行政处理，但是却忽视了社会工作师行政申诉权的确立。

第六章　我国社会工作师义务关系法定

第一节　社会工作师保密义务

关于保密义务的议题主要涉及保密义务的含义、例外情形、法律与伦理关系、信息社会保密义务，其中还暗含保密义务的本土化问题。

几乎没有例外的，在各个国家或地区的社会工作师的伦理守则都规定了保密的义务。由中国社会工作协会发布的《中国社会工作者守则》提出，注意维护工作对象的隐私和其他应予保密的权利。同时看到，各个国家或地区的法律也不约而同地从法律上规定了社会工作师保密的义务，如阿拉斯加的《社会工作师法》第3条，加拿大英属哥伦比亚的《社会工作师法》第48条规定；新西兰《社会工作注册法》第46条；中国台湾的"社会工作师法"第14条规定，日本的《社会福祉士法与介护福祉士法》第46条等。我国原人事部、民政部下发的《社会工作者职业水平评价暂行规定》也规定了"保守服务对象隐私"的义务。保密是社会工作的重要原则，Abramson 曾经指出，保密是与服务对象发展信任关系的关键[1]，Kutchins 将其定义为对服务对象的必要的信任责任[2]，也正因为如此，保密成为法律与伦理共同守卫的一条底线。法律是最低限度的伦理，守卫伦理的底线。保密义务从道德领域上升为法律领域，显现了国家对保密义务的重视，以及履行这一义务的强制力。保密其实也是社会工作伦理困境之一。法律的明确规定往往可以减缓或者消除一些两难抉择，从这一点上看，法律意义上的保密义务有助于伦理困境的解决。从各个国家或地区对保密的法律定义上看，"保密"都规定得很简单。中国台湾 2009 年修正的"社会工作师

---

① Abramson M. *Keeping Secrets*: *Social Work and AIDS*. Social Work, 1990, 35, pp. 169-173.

② Kutchins H. *The Legal Basis of Social Workers' Responsibilities to Clients*. Social Work, 1991, 36, pp. 106-113.

法"第14条规定，社会工作师及社会工作师事务所之人员，对于因业务而知悉或持有他人之秘密，不得无故泄露。日本的《社会福祉士法与介护福祉士法》第46条规定，社会福祉士及介护福祉士没有正当的理由，不可将相关的秘密泄露出去，辞掉工作以后也一样。瑞典的《社会工作服务法》第15章第1条规定，从事和已经从事本法相关的私人职业活动不得不合理地泄露有关个体情况的信息；第2条规定，从事或者已经从事私人家庭咨询服务的个人不得不合理地泄露个人在保密情形下告知的信息，不得泄露在咨询有关活动中获得信息；第3条规定，公共部门的活动要遵守国家秘密法。这些规定的一个特征就是规定"不得不合理地泄露秘密"，而这个秘密主要是来源于专业服务活动中所获取的关于服务对象的隐私。保护秘密实际上是对服务对象隐私权的保护，保密义务也来源于服务对象的隐私权。然而，任何一项权利都是在权利义务网络中生存，服务对象隐私权的保护有时候还涉及公众利益、行业发展问题，因此法律在立法时候也规定了一些例外情形。

首先考察各国关于保密义务例外情形的规定。美国阿拉斯加州的《社会工作师法》第3条第1款规定了保密义务的七类例外情形。概括说来，服务对象书面授权；案例会议；在诉讼程序要求的；服务对象对有关人员可能造成严重人身伤害时；举报康复科学从业人员时善意的泄密。美国《爱荷华法典》第154C.5条规定了五类例外情形，概括而言是，揭露犯罪意图或者犯罪事实；指控执照人员时；得到授权，授权包括服务对象的书面授权，在服务对象死亡或者残疾情形下则由三类人授权，即服务对象个人代表、被授权起诉的另一个人和服务对象在生命、健康或者生理状况上的保险受益人；关于儿童福利的法庭质询中的作证；代表服务对象寻求与职业同事或行政性督导的合作或咨询时。中国台湾的"社会工作师法"第13条规定接受主管机关或司法警察机关询问时，不得虚伪陈述或虚伪报告。也就是社会工作师必须违反保密义务的条款。加拿大英属哥伦比亚的《社会工作师法》第48条规定的保密例外情形为：社会工作师发挥作用有必要；为了公共利益且为委员会授权。第40条专门规定了注册人员的举报义务，其中规定发现同事不道德或者违法行为时候即使可能泄密也要举报。总结目前立法上的规定，可以分为这样几类：其一，服务对象或者其他合法代表有关泄密的授权时候可以泄密；其二，开展有关案例的咨询交流或学术研究时候可以泄密；其三，政府部门或者法律诉讼程序中所必需之时可以泄密；其四，有关犯罪或者关于犯罪的预警信息可以泄密；其五，举报相关从业人员违反伦理和法律的行为时候可以泄密。接下来，让我们看看学界的有关讨论。我国虽然有学者探讨了伦理困境解决，但是遗憾的是尚无人研究社会工作保密义务的法定例外情形。中国香港林孟平教授①总结了社会工作伦理的保密原则解密的情形，包括：当事人的生命处在危险边缘时；当事人问题涉及刑事案件时；当事人未满 16 周岁又是受害者时；当事人有犯罪意向，或工作者评估会危及自身或社会时；当事人心理失常时；当事人有自杀倾向时等。《全美社会工作师协会伦理守则》规定的可以违反保密原则的情形是有必要保护个人或其他人的以及法律规定必须做的。其中起源于 Tarasoff v. Regents of the University of California case② 的为警告和保护第三方而泄密在美国各州有差异，有时候得到法官的认可，有时候则坚持绝对保密原则③。另外，美国五十个州都有法律规定社会工作师有举报虐待和忽视儿童的义务，社会工作师被要求违反保密义务而保护儿童的福祉④。对于中国来说，由于服务对象授权、开展咨询交流、接受政府或进入司法程序三类情形而解密是各个职业保密原则实施的惯例，社会工作师在这些情形下泄密也是合法的。对于社会工作师发现服务对象有造成自我严重人身伤害、有可能造成他人伤害时候，基于生命原则高于保密的原则，立法打破保密原则也是合理的。对于举报相关从业人员违反职业道德和法律，以及举报儿童受虐待和忽视所带来的保密问题，则牵涉到社会工作师的举报义务。无论举报是否应该进入法定义务（下文讨论），这两类举报都是合乎伦理的，因此违反保密原则也是不必承担法律责任的。

　　我国社会工作发展的时代特征之一就是信息化。信息技术高度发达的时代，信息就是生产力，信息安全成为风险社会的重要问题。社会工作师的保密工作也与传统工作有异，而不少国家和地区的社会工作师保密义务的立法较早，没有意识到或者对信息社会影响估计不足，因此作为后起社会工作立法的国家，我国有必要吸取这一教训，对信息技术与保密义务有充足立法预备。早在 1978 年 Wilson 就警惕人们注意社会工作中信息安全，因为越来越多的人采用计算机技术存储数据⑤。国外早期的文献也对社会工作实务中采用信息技术

---

① 林孟平：《小组辅导与心理治疗》，上海教育出版社 2005 年版。

② Kopels, S., Kagle, J. *Do Social Workers Have a Duty to Warn*. Social Service Review, 1993, 67, pp. 10-26.

③ Barry Rock, Elaine Congress. *The New Confidentiality for the 21 st Century in a Managed Care Environment*. Social Work, 1999, 3(44).

④ Barry Rock, Elaine Congress. *The New Confidentiality for the 21 st Century in a Managed Care Environment*. Social Work, 1999, 3(44), p. 256.

⑤ Wilson, S. *Confidentiality*. New York：Free Press, 1978.

持消极和抵抗的态度①。当然也有人对此持积极态度，主要观点是信息技术能够提升社会工作服务的质量，增进社会工作师和服务对象的力量②。中国社会工作职业化在 2000 年后进入大发展时期，本身已经置身于信息化社会，在社会工作职业活动中采用信息技术似乎成为理所当然的事情，学界也并没有专门讨论其必要性。纵观在政府、企业、医院等领域的严密的信息保密技术设置或安排，我们有理由猜想社会工作领域也需要这些技术。一方面信息技术为信息的大量和及时传递带来了方便，另一方面也意味着信息公开范围的可能性扩大。现在的做法则是开发了五级安全标准，并根据个人的头衔和职责大小设定不同的阅读权限。这是从积极保密的角度来讲。从消极层面说，现代一些信息技术的弊端是无法标记信息传递。比如，中国普遍使用的腾讯 QQ，如果采用在线传递文件，则无法记录文件传递信息，或者采用移动硬盘来传播信息、云端下载方式等，也没有传播记录可查。因此，一旦社会工作师要求对信息传播保密进行举证时候就存在困难。现在比较好的选择则是采用电子邮件方式传播，能够有据可查。计算机技术下信息保密工作既是一个技术问题，也是一个意识问题。技术上，有人提出来采用登录程序、防火墙、加密技术以及开发信息保密的指南③；意识上，则依靠伦理与法律的导引。由于计算机信息技术保密是一个复杂的问题，法律的规定也应从原则出发，提供蓝图指导为宜。笔者建议，在立法上可以明确社会工作师应该做好计算机技术下的保密工作，并且可以考虑出台相应的细则进行详细规范。

---

① 主要文献参考：Barnes，C. *Questionnaire Evaluation of the Attitudes in Respect to Microcomputers within Social Services Settings*. Computer Applications in Social Work，1984，1（10），pp. 13-23. Zuboff，S. *New Worlds of Computer-mediated Work*. Public Welfare，1983，41（4），pp. 36-44. Doelker，R.，Lynette，P. *The Impact of Learner Attitudes on Computer-based Training in the Human Services*. Journal of Continuing Social Work Education，1988，4（3），pp. 2-7.

② 主要文献参考：Reamer，F. *The Use of Modern Technology in Social Work：Ethical Dilemmas*. Social Work，1986，31，pp. 469-472. Rock，B，Auerbach，C.，Kaminsky，P.，Czoldstein，M. *Integration of Computer and Social Work Culture：A Developmental Model*. In B. Glastonbury（Ed.），*Human Technology and Social Welfare*. Assen，The Netherlands：Van Gorcum，1993.

③ Barry Rock，Elaine Congress. *The New Confidentiality for the 21 st Century in a Managed Care Environment*. Social Work，1999，3（44），p. 256.

第二节　社会工作师专业服务记录义务

社会工作作为一种职业,根据国家档案法的规定应当建立档案制度。然而,目前不少社工机构还没有工作记录的意识,工作记录制度尚未建立,没有充分意识到社工记录的价值,错失不少宝贵的经验记录和总结。民国时期,我国已经有了社会工作服务档案的记录,典型代表是北京协和医院医务社工记录。目前保存下来的1921年到1951年的"病人社会历史记录表"是协和医院社会服务部门人员运用个案工作方法对病人进行的社会调查和记录①,其为社会工作研究提供了重要的资料。吴铎研究后指出,研究这些档案"至少可以确知这些病人的社会的及经济的状态,以及社会事业部如何根据这些状态而帮助医生和看护来治疗"②。此外,社会工作档案的记录是社会工作教育中本土案例的来源,有助于解决我国社会工作教育与实务脱节的问题,推动社会工作教育与实务的互动和良性循环。从社会工作师角度来说,社会工作的服务并非短期行为,需要长期多次服务才能解决案主的问题,社工需要工作记录作为下次工作开展的依据。如果转介案主,社工的服务记录更是新的工作者服务的重要参考。不仅如此,社工的记录也为保护社会工作师本身的需要,在美国当社会工作师面临法律诉讼时候可以以工作记录保护自己,为自己的行为提供证明。从机构的管理角度来说,社工记录是督导进行督导工作,机构进行社工个人绩效考核,评估方和监管方进行监管的依据。再从更宏观层面,这也是政策法规制定的参照。我国处于社会工作发展初级阶段,社会工作领域充满混乱,社会工作记录对于以上所提及的诸多领域的重要意义更加独特,是推动我国社会工作向前发展的重要着力点。

既然社会工作服务记录十分必要,那么是否应当在法律中规定为社会工作师的法律义务呢?中国台湾的"社会工作师法"第16条规定了撰写社工记录的执业规定:执行业务时,应撰社工记录,由执业之机关、机构、团体、事务所保存。中国台湾还专门出台了"社会工作记录内容撰制注意事项",在中国台湾范围内统一规定记录内容、程序。另外中国香港的《质素标准及准则

① 李勇、彭秀良:《论社会工作档案的属性和功能》,《兰台世界》,2012年第29期第39页。
② 吴铎:《北平协医社会事业部个案底分析》,载于李文海:民国时期社会调查丛编(社会保障卷),福建教育出版社,2004年版。

（SQS）》中的标准三即要求，服务单位存有其服务运作及活动的最新记录。我国地方立法中，《珠海市社会工作促进办法》规定，社会工作服务机构应建立完善的档案管理制度，对机构运作、社会工作服务活动中的有关记录以及服务对象的详细资料等予以妥善保存。显然，珠海是借鉴了香港的质素标准，二者都从机构层面规定服务记录的义务。但机构服务记录义务的完成还是依托社会工作师完成记录，所以最终还是社会工作师的义务。再者，社会工作师的从业组织也并非只是社会工作机构，有的社工岗位只是某组织的一个部门或者岗位，而意欲通过服务记录实现保障社会工作服务专业性等目的，服务记录的义务也需要落实到个人层面。以上的规定都具有强制约束性，但是有的国家仅仅把记录作为社会工作时的伦理义务。如美国则在《全美社会工作师协会伦理准则》中规定了案主记录的要求，并没有上升到法律的层面。首先明确一点是两大法系的差异。由于英美法系承认司法判决有法律效力，作为法律的渊源，英美法系倾向于采用判例而较少采用成文立法方式规范人们的行为。大陆法系国家不承认司法判决法律效力，是成文法为法律的渊源，倾向于立法以规范人们的行为。因此，基于这一区别，我们不能够认为英美法系国家没有专门成文立法以规范社会工作师记录义务，或者没有将其纳入成文的社会工作立法就推断出英美法系国家认为社会工作记录并非社会工作师的法律义务。相对于中国，英美法系国家以行业自律形式来进行自我管理的传统悠久，行业自律能力也就强，甚至可以说替代国家以法律来规制。然而，我国目前各行业自律组织对政府依赖性较强，不少自律性规范也因此由进入国家法律层面予以规制。与社会工作职业类似的医生行业，我国的《执业医师法》第 23 条规定，医师实施医疗、预防、保健措施，签署有关医学证明文件，必须亲自诊查、调查，并按照规定及时填写医学文书，不得隐匿、伪造或者销毁医学文书及有关资料。医学文书是医学的专门服务记录，在医生提供服务的重要依据和方式；社会工作的专业服务记录包括预估、方案设计等，也是服务的主要依据和方式，专业服务记录之于社会工作的意义不能小看。由此笔者以为，我国的社会工作记录的义务不仅仅是伦理义务，也应上升为法律义务。事实上，国内也有学者也指出了社会工作师撰写和保存社会工作记录是其法定义务[1][2]。

---

[1] 何红锋、刘琪、李德华等：《我国职业法律制度比较研究及其对社会工作立法的借鉴》，载民政部社会工作司编：《社会工作立法问题研究》，中国社会出版社，2011 年版，第 102 页。

[2] 黎军、张旭：《社会工作师法定权利义务研究》，载民政部社会工作司编：《社会工作立法问题研究》，中国社会出版社，2011 年版，第 127~133 页。

社会工作师有关社会工作记录的义务是撰写和保存，其含义并不难理解。社会工作记录是多样的，但是需要由社会工作专门法律规定的是社会工作专业服务记录，笔者在此讨论的是社会工作专业服务记录的义务。在大陆法系中，对社会工作专业服务记录详细规定的当属中国台湾地区。依据中国台湾的"社会工作师法"第17条，中国台湾于1975年出台了"社会工作纪录内容撰制注意事项"，对社会工作师于执行业务时，所撰制记录之种类、内容重点等事项做了说明。借鉴中国台湾的经验，未来立法形式上，大陆可以出台专门社会工作师法规定记录的义务，然后由民政部出台专门的规章对社会工作师专业服务记录的义务进行操作性规定。中国台湾将社会工作专业服务记录的种类分为个案工作记录、小组工作记录、社区工作记录。此种分类以社会工作三大方法为支撑，而对间接服务中的社会工作行政、研究不进行规定，因为这两类涉及机构或者团体内部规则。笔者以为，除此三大社会工作方法的记录外，不容忽视社会工作项目记录。随着社会工作发展，迈向整合的社会工作方式正在凸显，项目化运作成为社会工作发展的重要特点。其出现原因，从内部讲是社会工作在内的社会服务已经逐渐成为一种制度安排，大规模高投入超越简单的一对一的服务；从外部来讲，新管理主义兴起，使得政府愈发重视项目管理这个抓手来进行机构及社会的管理。[1] 上海最早试行社会工作项目运作，同时深圳也因面临政府购买社会工作岗位所带来的专业性不足、独立性不强的问题，而逐渐增强社会工作项目的购买。项目化运作成为整合社会工作传统三大方法的拓展性实务模式，是体现社会工作专业性的重要载体。项目运作的专业服务记录也必不可少，也应成为社会工作专业服务记录的新品种。对于传统三大类方法的工作记录，"社会工作纪录内容撰制注意事项"还详细规定了每一类记录的内容。如其中个案工作记录包括接案纪录、访视或会谈纪录、转介纪录、结案纪录；接案记录内容包括个案来源、个案之问题需求及内容、处理建议及情形；个案工作记录内容包括基本数据、案主问题及其对问题之看法、社会工作师对案主问题之分析、处理经过、评估、结案；等等。总体看来，专业服务记录基本内容涵盖从需求、问题、介入方案、介入过程到评估。因此，项目运作的记录内容也可以遵循这一基本思路。中国台湾出台的这一文件明确了各个机构记录的最低限度的内容，充分体现社会工作专业性，对大陆有重要借鉴意义。

---

[1]　王瑞鸿：《社会工作项目精选》，华东理工大学出版社，2010年版，第13~16页。

第三节　社会工作师接受继续教育义务

根据我国宪法的规定，公民享有受教育的权利和义务，教育权既是一种权利也是一种义务。但是对于特定职业群体而言，包括社会工作师在内，接受继续教育主要是一种义务。对于社会工作师来说，虽然通过了国家职业资格认可，但是由于社会工作服务对象多样性，社会问题不断发展和变化，社会工作师职业充满挑战，要求社会工作师不断学习，以最终实现职业目标。社会问题的变化，社会工作政策、理论、知识和技巧其实也在不断总结和更新，社会工作的价值观其实也要求社会工作师不断接受教育①。另外，中国大学的社会工作教育不成熟，虽然培养了大批毕业生，但在实践中要真正胜任工作还要依赖于继续教育。② 社会工作的服务主要依赖专业人员的素质，继续教育的问题因而与社会工作的专业化、服务效益密切相关。因此，对于社会工作师来说，参加继续教育成为一种必需。

在立法先例上，我国大陆的《教师法》第 7 条第 6 项规定了教师参加进修或者其他方式的培训的权利，第 8 条第 6 项规定了不断提升教育教学业务水平的义务。《执业医师法》第 21 条第 4 项规定了参加专业培训，接受继续医学教育的权利；第 22 条规定了努力钻研业务，更新知识，提高专业技术水平的义务。从上面的立法特点可以看出，我国大陆采取将接受接续教育作为教师、医师的权利和义务分别规定，并且规定非常笼统。我国大陆类似职业立法如此，那么域外立法经验有哪些呢？参考美国的《阿拉斯加法律》第 95 章"社会工作师"第 1 条第 5 款规定了社会工作师继续教育要件，两年一次的换证要求必须接受继续教育，并详细规定了继续教育课程内容及时间要求，成立继续教育委员会进行指导。《阿拉斯加行政法典》第 18 章"社会工作检查委员会"第 2 条详细规定了换照和继续教育。《西弗吉尼亚法典》第 30 章第 30 节第 10 条规定了证照更新内容，明确证照更新要求每个申请人必须提供令人信服的证据，证明已经完成委员会设定的继续教育的要求。《爱荷华法典》第 154C. 3 条规定换照和继续教育，规定证照需要两年一换，持证照者需要提供证据证明满足委员会设定了继续教育要求。另外，中国台湾的"社会工作师法"第 17 条规定，社工

---

① 袁光亮：《论开展社会工作继续教育的重要性》，《职业时空》，2001 年第 9 期。

② 王思斌主编：《社会工作专业化及本土化实践：中国社会工作教育协会 2003—2004 论文集》，社会科学文献出版社 2006 年版，第 39~42 页。

师及专科社工师职业,应接受继续教育,并每六年提出完训证明文件,办理执业执照更新。从域外的立法看,主要是有以下特点。其一是将继续教育作为社会工作师的义务规定,而不再单独规定为权利。其二,将继续教育与换照义务同时规定,将继续教育作为换照的前提,以此保障后续社会工作师后续执业能力。其三,对于继续教育的课程、时间等做了详细的规定。

我国并没有出台社会工作师的基本法律,民政部于 2009 年制定了《社会工作师继续教育办法》。本办法是根据人事部、民政部《社会工作者职业水平评价暂行规定》有关继续教育规定而制定,规定了继续教育的目的、对象、管理机关、继续教育机构、培训时间、内容、形式、费用、记录保存等。总体来说,这一规章对社会工作师的继续教育虽然有了相对系统的规定,但是问题仍然很多。首先,从法律位阶上讲,民政部部门的规章效力仅仅是从部门角度出发,还无法达到关于社会工作师继续教育的顶层设计。其中的一个重要表现就是由于民政部缺乏国家人事管理的权限,因此在《社会工作师继续教育办法》只能采用"登记服务"。"登记"并不称为社会工作师执业的前提,而只是国家信息管理的一种方式,社会工作继续教育制度出现虚化现象①。地方立法上,上海市民政局和人事局联合制定的《上海市社会工作师(助理)注册管理试行办法》则将社会工作继续教育纳入注册执业的条件,因此继续教育是上海注册社工持续执业的前提。上海的做法符合实际,也符合国际经验。由于《社会工作师继续教育办法》本身的缺陷,实施继续教育过程中,各地在实际操作中既要遵从上级规定,又有结合本地实际,导致继续教育出现"怪胎"。接受继续教育的对象本来应该只有执业人员,但是根据民政部的规定,只登记而没有执业的人员也应该接受继续教育,这就导致对象的差异,而且可能造成继续教育资源的浪费。另外,我国社会工作发展地区差异巨大,农村区域的社会工作有其特殊性,但是地方的财政资源并不充足,开展社会工作继续教育无疑困难重重。解决这一问题需要依靠国家财政支持,而不能单纯依靠地方民政部门来推动。国家财政的统筹则需要地方政府部门和中央财政的支持,而这又涉及继续教育的整体制度设计问题。因此,解决目前社会工作继续教育,有效落实社会工作师继续教育义务,还需要国家从基本法上进行立法,提升继续教育的法律位阶。

---

① 徐道稳:《社会工作师继续教育制度研究》,《广东工业大学学报(社会科学版)》,2012 年第 6 期。

第四节　社会工作师报告义务

社会工作师报告的义务在域外较为普遍。如美国五十个州都有法律规定社会工作师有举报虐待和忽视儿童的义务，社会工作师被要求违反保密义务而保护儿童的福祉①。加拿大英属哥伦比亚的《社会工作师法》第 40 条规定了社会工作师对同事举报义务，第 41 条规定了举报义务免责。瑞典的《社会工作服务法》第 14 章规定了针对儿童虐待、老人虐待、功能障碍群体行为向社会福利委员会举报义务，举报者包括社会服务部门工作人员。儿童虐待条款专门规定了儿童虐待情形，包括在家中受到性虐待、身体或精神上虐待，并要求举报者协助提供资料以调查儿童保护需求。总体看来，报告的对象主要三类：服务对象、同事、其他施害者。服务对象作为施害者，可能伤害到自己，也有可能是他人。同事作为施害者主要是对服务对象的伤害。社会工作师也可能发现其他施害者，如亲属对儿童、老人、功能性障碍者的虐待行为，社会工作师有报告义务。之所以规定社会工作师的报告义务，在于社会工作师通过专业服务，与服务对象建立信任关系，服务对象可能会将私人的甚至受到伤害或者伤害别人的信息告知社会工作师。社会工作师在信息占有上有优势，也比别人更早、更全面地了解到这些信息。如果这些信息会造成生命的伤害或者公共秩序的损害，法律会选择牺牲服务对象的隐私权，以保全更大的利益。社会工作师对同事共处一个机构，也更容易、更准确地发现同事的违法行为。考察我国类似职业的立法。《执业医师法》第 29 条规定，医师发生医疗事故或者发现传染病疫情时，应当按照有关规定及时向所在机构或者卫生行政部门报告。医师发现患者涉嫌伤害事件或者非正常死亡时，应当按照有关规定向有关部门报告。在《律师法》第 38 条第 2 款则规定，律师对在执业活动中知悉的委托人和其他人不愿泄露的情况和信息，应当予以保密。但是，委托人或者其他人准备或者正在实施的危害国家安全、公共安全以及其他严重危害他人人身、财产安全的犯罪事实和信息除外。我们看到，报告义务也是我国其他职业主体的义务。借鉴这些经验，在为社会工作师义务立法时候也有必要考虑社会工作师的报告义务。

　　如果设定社会工作师有报告的义务，人们不免担心报告义务对专业关系的

---

①　Barry Rock, Elaine Congress. *The New Confidentiality for the 21st Century in a Managed Care Environment.* Social Work, 1999, 3(44), p. 256.

影响。虽然牺牲服务对象的隐私而保护了生命利益，但是服务对象隐私权的损害带来的可能后果就是社会工作师与服务对象好不容易建立起来的信任关系受到破坏。专业的信任关系被认为是社会工作的灵魂或基石①，没有灵魂的专业关系已经宣告社会工作服务的终止。有人因此在讨论社会工作师的报告义务时候专门区分了积极报告义务和消极报告义务，主张社会工作师只有消极报告的义务。其依据就在于从类似职业经验看，认为社会工作师立法应该仿照律师消极报告的义务才能保护专业关系②。的确，仔细考察《执业医师法》第29条规定可发现，法律要求执业医师发现后主动进行报告，而不是消极等待有关机关的询问后才如实报告。根据《律师法》第38条第2款的规定，律师只需要在有关机关进行询问时候如实报告即可，而主动报告属于律师自愿行为，并非法律义务。但是，其实医师主动报告的义务同样损害专业信任关系。笔者以为，两大职业主体报告义务的区别在于服务对象的差异性，律师职业是营利性，服务对象为委托人，多数情形下如果因为律师的举报则而影响委托关系，那么律师就容易失去案源，导致律师最终失业，这一行业也最终无法生存下去。但是对于医师和社会工作师来说，其公益色彩浓厚，国家通过财政补贴或者政府购买服务的形式支持行业发展，服务对象并不支付服务成本，服务对象个人的不信任不会影响社会工作师的生存或者行业的生存。更何况是在为了公众利益而损害个别服务对象与社会工作师的信任关系。社会工作师举报同事，社会工作师与同事的信任关系似乎也处于风雨飘摇之中，但是类似的道理，其影响并不大。根据国外经验来看，Weinstein 等对美国的调查发现，报告了情况的个案精神健康专业人员与病人的关系30%都是积极的；有所改善或在最初的抵触之后有所改善的个案占11%；没有什么改变的占32%；关系不好仍旧抵触的占7%；只有21%的人终止治疗。③ 因此，笔者主张采用主动报告的形式。

　　我国对于未成年人、老年人、残疾人都出台了专门的权益保护法，以保护他们免受虐待，但是由于信息的隐秘性，实际生活中往往依赖村委会或者居委会来报告，但由于村委会或居委会一方面时间精力有限，另一方面也并非受过专业训练，故在此方面无法有效发挥作用，特定人群的权益无法保证。国外的

① 王思斌主编：《社会工作导论》，高等教育出版社，2004 年版，第 157 页。
② 黎军、张旭：《社会工作师法定权利义务研究》，载民政部社会工作司编：《社会工作立法问题研究》，中国社会出版社，2011 年版。
③ Weinstein, B., Levine, M., Kogan, N. etal. *Mental Health Professionals' Experiences Reporting Suspected Child Abuse and Maltreatment.* Child Abuse & Neglece, 2000, 24 (10), pp. 1317-1328.

做法是由专业社会工作师来负责。对于报告针对的详细虐待情形、社会工作师报告的程序等需进行制度安排。未来建立这样的制度，同时也就要求社会工作师执行报告的义务。

第五节　社会工作师灾害事故中服从安排义务

现代社会也被称为风险社会，人们在享受科技发展带来的成果时，也面临着诸如生态危机、核危机及其他诸多潜在危机的挑战，甚至形成了全球性风险结构。童星教授依据于"经济社会发展可能停滞、社会结构紧张、社会系统复杂、现代性的不确定性"，确认中国处于"风险共生"下的高风险社会。①建立风险的防范和化解体系成为各国的选择。我国是世界上遭受自然灾害影响最为严重的国家之一，每年发生的事故造成的人员伤亡人数也高居世界。应对灾害成为中国政府的重要任务。传统上"过于重视政府角色的扩张，却忽略了非营利部门在灾害救助中的作用"②。社会工作在灾害救助中的重要作用已经有了重要的共识。从中国台湾9·21大地震和八八水灾、日本阪神大地震、伊朗大地震到汶川大地震、雅安地震和上海静安区大火事件中社会工作的介入看，社会工作介入的优势明显，是灾害救助中不可或缺的力量③④。社会工作作为解决困境而发展出来的专门职业，"在世界各国各地，社会工作在救助灾民、心理辅导、精神抚慰、社区和社会关系建过程中发挥着重要作用"⑤。我国的《国家综合防灾减灾规划(2011—2015年)》已将社会工作人才纳入防灾减灾专业队伍，明确要推进防灾减灾社会工作人才队伍建设。

正是因为灾害特点和专业力量的优势，如何动员包括社会工作师在内的专业力量参与灾害救助成为一项重要议题。我国的《执业医师法》第28条规定，

---

① 童星：《社会管理创新八议——基于社会风险视角》，《公共管理学报》，2012年第4期。

② 周利敏：《"化危机为转机"：灾害救助中社工组织的角色实践及行为策略》，《防灾科技学院学报》，2008年第4期，第114页。

③ 刘晓春：《风险社会视角的灾难与社会工作——台湾经验》，《广东工业大学学报(社会科学版)》，2012年第5期，第18~23页。

④ 孙建春：《大力发展灾害社会工作充实防灾减灾专业力量》，《中国减灾》，2010年第7期上。

⑤ 王思斌：《发挥社会工作在灾后重建中的作用》，《中国党政干部论坛》，2008年第6期。

遇有自然灾害、传染病流行、突发重大伤亡事故及其他严重威胁人民生命健康的紧急情况时，医师应当服从县级以上人民政府卫生行政部门的调遣。也有人针对社会工作师提出了类似的看法，即"社会工作师应在救灾等紧急状态下听从有关部门的安排和指挥，全力将灾害的损失降低"①。王思斌提出了社会工作介入灾后重建的前提条件之一是"建立政府部门与社会工作机构之间的合作机制"②。目前，民政部与社会工作的行业组织——中国社会工作教育协会和中国社会工作协会建立合作关系，再经由协会动员成员参与。但是由于加入两大协会的成员有限，动员需要在更大的范围内开展。虽然政府部门与社会工作行业组织或者社会工作机构建立合作机制，社会工作师基于组织间合作关系以及机构内部管理管理有足够的合理理由参与灾害救助中。由于灾害救助对于大量人力投入的要求，国家动员其他社会工作师个人参与救灾，并且管理这些参与者的合法依据在哪呢？笔者以为，这就需要有法律依据。从法律上规定社会工作师有关救灾的义务。其实，法定这一义务也为政府部门与社会工作行业组织和机构合作提供了法律依据，有利于建立和增进合作关系，有效管理，充分整合全社会力量救灾。既然这一义务有必要法定，接下来要讨论的问题就是义务的具体内容、义务的适用情形。

从目前社会工作的介入看，主要是自然灾害，如汶川地震和雅安地震，另外还有重大伤亡事故，如上海静安区大火事件。法律要求医师介入的情形有三类：自然灾害、传染病流行、突发重大伤亡事故，并规定了一个"兜底条款"即"其他严重威胁人民生命健康的紧急情况"。医师以解决健康问题为导向，社会工作师被称为"社会医生"，以解决社会的问题为导向，两者有诸多类似之处。社会工作师除其中传染病流行外，对自然灾害、突发重大伤亡事故都有必要参与。立法者也可以采取借鉴"兜底条款"，结合社会工作的专业目标，规定社会工作师介入"其他严重威胁人民社会功能的紧急情况"。2008年汶川地震是中国社会工作第一次集体亮相，但我们也发现其中由于管理机制不完善，出现了大量社会工作师及志愿者盲目涌入灾区，造成道路拥塞，影响救灾物资的运入的现象。另外，由于缺乏协调机制，社会工作师的服务存在重复服

---

① 何红锋、刘琪、李德华等：《我国职业法律制度比较研究及其对社会工作立法的借鉴》，载民政部社会工作司编：《社会工作立法问题研究》，北京中国社会出版社，2011年版，第103页。

② 王思斌：《发挥社会工作在灾后重建中的作用》，《中国党政干部论坛》，2008年第6期。

务，造成灾民多次伤害。还有的社会工作师单独行动，准备不足，自身安全、饮食等成了问题。这些无疑是在给救灾帮倒忙。社会工作师在灾害事故的管理问题显现出来。此外，灾害事故往往覆盖面广、问题复杂，参与者除了社会工作师，还有人民解放军、武警部队、公安民警、医疗卫生人员、志愿者等。这需要有一个协调机制整合各方力量，并进行统一管理才能最大限度实施救助。这个统一管理方主要有两类，其一是由政府统一管理，如《执业医师法》赋予县级以上卫生行政部门统一管理执业医师的权力。其二是社会工作行业内部形成联合性协调组织，进行统一管理，包括与政府协调。两种方式各有利弊，由政府负责，赋予社会工作师服从政府的安排和指挥，容易淹没社会工作师专业性，无法发挥社会工作的灵活性特点。由社会工作组织成立联盟，则无法与社会其他力量形成良好的配合。因此，成立一个由政府部门和社会工作成员代表组成的专门协调组织成为一个可以选择的折中方案。

第七章　研究结论与讨论

第一节　研　究　结　论

　　现代社会是法治社会，社会工作师权利义务立法是完善我国社会工作法律体系，推进依法治国的题中之意，是形塑社会工作职业推进社会工作行业制度建设的载体之一，也是厘清社会工作职业主体角色，进行良好角色扮演的需要。然而，社会工作师权利义务的法律设定并非随意杂乱选择，而是遵循立法原则与社会工作职业规律的理性行为。在社会工作师权利义务立法上有以下关系需要处理。作为新兴行业，社会工作行业职业立法既要借鉴成熟职业的立法经验又要着重于本行业的特殊性；在全球化浪潮中，既要吸收域外国家地区经验教训，又要立足本土特性；在中国当前社会工作黄金发展时期，既要立足现实也要兼顾未来发展；在社会工作伦理备受重视下，社会工作法律与伦理如何协调；在法律体系内部，多重法律关系如何平衡。社会工作师权利义务立法就是要在这五重关系交织中研究与实践。权利层面，主要在于保障社会工作师的职业行为，首先是要以法律的权威性赋予社会工作师对本职业的"占有性"，对不符合职业要求的他人进行"排他"，主要表现为法律上的职业资格权。社会工作师进入行业后的职业行为则体现在其"专业自主权"和"请求协助权"。那分别从内部职业自主和外部协助进行保障，形成了社会工作职业的法定作为空间，也是其执业活动范围。如此为社会工作师施展专业活动设定保护的范围，以对抗他人的非法干涉。仅仅如此尚不足够，权利受到侵犯还需有救济才能保障权利有效得到落实。社会工作师的救济性权利也是其权利体系的内容之一。由此形成了我国社会工作师权利体系即职业资格权、专业自主权、请求协助权和救济性权利。在义务层面，义务的目标在于保护社会工作服务对象的利益，而服务对象利益受损有可能来自社会工作师在保密、专业记录不足方面的侵害，也有可能是社会工作师专业技术与素养不足导致侵害，还有可能是其不作为或者不履行职责导致的对服务对象福祉的损害。其实，服务对象的权益损害来源可能更多，但法律无心于将所有可能侵害行为都纳入法律的范畴，而是与社会工作伦理合作，将大部分的行为规范纳入伦理层面。法律只是将可能损害或者影响服务对象利益的重大的或者重要的违法行为归为自己的空间，形成法律层面的义务立法规定。在比较研究的视角下，参考不同职业和域外国家地区社会工作师义务的规定以及我国实际，社会工作师有保密、专业记录、报告、继续教育、灾害事故服从安排的义务。

第二节　研究讨论

一、法治自觉与社会工作[①]

全面依法治国是当代中国的重大战略任务，并被置于社会治理的保障地位。社会工作作为现代社会治理的重要制度安排，在中国正处于建构阶段。中国社会工作的形塑与功能展开离不开法治，法治化是与社会工作职业化、专业化、本土化并行的重要任务。那么，法治与社会工作的关系是什么？换言之，法治之于中国社会工作有着怎样的关涉？诚如韦伯所言，现代社会是一个逐渐理性化的过程，而法治是现代化的一个趋势和标志。中国社会工作的专业化、职业化、本土化发展也是逐渐法治化的过程。由于中国社会工作仍然处于初级发展阶段，尚未定型，法律赋予社会工作何种地位、职权、如何配置资源、确定规范等将会深刻地形塑中国社会工作，并对未来的发展起到重大影响。再者，法律对于服务对象权利义务关系的设定与变革左右着社会工作实务的成效。在此意义上，社会工作无法忽视法治的影响。

围绕此，已有的研究强调了二者的关联。从理念与功能角度看，法律的价值取向在于公平正义，社会工作则诉求"人权""正义"，二者都是维护社会秩序的重要制度安排；法律社会工作良性互动才能承担改善社会的使命。[②] 从历史脉络看，社会工作与法律在不同阶段呈现内在亲和、相对疏离和重新回归的交互特征[③]。19 世纪末到 20 世纪 30 年代，以亚当斯为代表的西方社会工作师

---

① 本节部分根据笔者已发表论文修改。杨超：《中国社会工作的法治维度》，《社会工作与管理》，2020 年第 1 期。

② 王新燕：《论社会工作与法律的相互影响关系》，《社会工作》，2010 年第 16 期，第 14~16 页。

③ 韩央迪：《法律与社会工作的互构：西方社会工作的实践与启示》，载《中国社会工作研究》，社会科学文献出版社，2014 年版，第 98~114 页。

强调通过社会立法来推动社会的变革，法律与社会工作具有内在的亲和性；20世纪30年代到50年代，个体治疗的取向下法律与社会工作的互动关系疏远；20世纪60年代以来，社会问题逐渐复杂化、多样化，法律的介入成为必需，法律与社会工作的紧密关系重新得到重视。我们看到，法律与社会工作的交织产生了一个新领域就是司法社会工作。这一个领域并非司法与社会工作的简单互动，而是一种深度融合。换言之，也就是从司法与社会工作的互动走向了整合，从而产生了司法社会工作。这种逻辑同样适用于法律与社会工作。司法社会工作之所以优先产生，与社会工作追求个体体疗的取向密不可分。在当下，社会工作与法律尝试弥合个体治疗与社会变革的鸿沟，实现个体与社会目标的双聚焦。① 法律与社会工作的关系也有着走向深度融合的目标。实际上，目前的司法社会工作发展已经超越司法领域，从传统的社区矫正、安置帮教扩展到监狱、人民调解、法律援助等。② 这已不是"司法社会工作"概念本身所能够涵盖的。20世纪90年代，英国Michael Preston-Shoot③等积极倡导社会工作法律学科，推进法律与社会工作的全面整合。国内与之相似的是，王刚义最早在大陆倡导法律社会工作学，系统讨论了法律社会工作学作为一门独立学科的必然性、基本框架、服务体系等。④ 然而，王刚义所谓的"法律社会工作学"是一种法学立场下的框架，社会工作不过是作为法律社会化的一种方法。乔中国等站在社会工作的立场，提出了法律社会工作的论纲⑤，将社会工作领域划分为心理认知社会工作、医学社会工作、经营性社会工作、法律社会工作。⑥ 由此我们看到，乔中国等对法律社会工作的定位仍然只是社会工作的一个子领域。

有人从西方经验指出，英美国家对于社会工作法律的内在差异。张威的研究强调了国家模式对社会政策及社会工作的影响，由于"德国是保守型福利国

---

① 韩央迪：《法律与社会工作的互构：西方社会工作的实践与启示》，载于《中国社会工作研究》，社会科学文献出版社，2014年版，第98~114页。

② 罗大文：《司法社会工作推进综述》，《社会工作》，2011年第8期，第32~35页。

③ Preston-Shoot M., Roberts G., Vernon S. *Social Work Law: from Interaction to Integration.* Journal of Social Welfare and Family Law, 1998, 20(1): 67-68.

④ 王刚义：《关于建立法律社会工作学的思考》，《法制与社会发展》，2002年第1期，第107~110页。

⑤ 乔中国、薛立斌：《法律社会工作论纲》，《社会工作与管理》，2015年第6期，第18~23页。

⑥ 乔中国、薛立斌：《法律社会工作论纲》，《社会工作与管理》，2015年第6期，第18~23页。

家，较强的国家性、理论性和立法性造就了高度发达的社会政策/社会保障体系和高度职业化的社会工作；美国是自由经济型国家，较弱的国家性、较强的社会性和对个人责任的强调造就了局限于最低程度的社会保障体系以及以私立慈善组织和教会为主体的高度职业化的社会工作"①。由此社会工作与法律的关系在英美法系和大陆法系还存在着内在的差异。值得警惕的是，这种国家模式的差异反映了法治在不同国家社会工作界的地位的差异。

社会工作界和法学界对社会工作法治化研究不足，与社会工作整体处于初级发展阶段，仍在上升发展之中，法学界的关怀不多。而高校专业的分工导致社会工作界对法学知识的相对隔离，研究不深入有关。此外，中国社会工作界在西学东渐的历史大潮中，忽视了西方法律体系的内在差异。中国内地对域外社会工作的借鉴过于偏重中国香港和美国经验，而对欧洲大陆的经验汲取不足。欧洲大陆社会工作界高度发达的法治研究成果被人们忽视了，以至于当下学界形成了一种社会工作不需要重视法治的景象（当然，中国传统法治意识的薄弱也有影响）。

纵观其他成熟专业与职业的发展历程，社会工作的法治化也是必然的趋势。立足于中国内地的情境，反思英美、中国香港经验的不足，汲取欧洲大陆的法治经验，我们需要重新界定法治之于中国社会工作的地位、意义。可以肯定的是，随着中国社会工作的推进、法治化的发展，这一问题的重要性将日渐凸显。我们主张将法律置于社会工作基本要素的地位。为此，我们首先要倡导社会工作"法治自觉"。

社会工作法治自觉的内源性依据。社会工作与其他专业相比，其独特的视角在于"生理-心理-社会"的综融分析框架。其中，法律是社会部分的重要内容。法治是现代社会的基本特征，在当代中国全面依法治国的战略安排中，法治在社会治理中占据基础性地位。对于社会工作本身来说，社会工作法治化是衡量社会工作行业发展成熟度的指标，与社会工作职业化、专业化、本土化发展密切相关。对于社会民众来说，每一个个体都嵌入在法律关系中。胜任社会工作实践意味着，社会工作师不仅要具备社会工作价值、理论知识和实践智慧支撑的评估技术，也需要承认法律的相关性和应用性②。

---

①　张威：《国家模式及其对社会政策和社会工作的影响分析——以中国、德国和美国为例》，《社会工作》，2016 年第 3 期，第 33~46 页。

②　Braye S., Preston-Shoot M. *On teaching and applying the law in social work: it is not that simple*. British Journal of Social Work, 1990, 20(4), pp. 333-353.

换言之，社会工作师需要融合法律与社会工作知识体系，而其根源在实践的复杂性。实践中资源是有限性，工作者常常不得不在两难中做出抉择，以决定资源与服务的优先性。这是因为，实践中相关的法律往往并不清晰，而且法律也试图平衡内部冲突的规则。社会工作实践的背后是伦理，而社会工作伦理内部也存在两难，并且这些法律与伦理互相缠绕，更增加了抉择的困难性。理想的既合法又最佳的实践，在现实的复杂性面前并不容易实现。

社会工作法治自觉的内涵。费孝通先生晚年倡导"文化自觉"，学术界也提出"理论自觉"。这里引入"法治自觉"概念，目的是希望强调法治之于社会工作的意义，在文化自觉、理论自觉同等地位的层面推进社会工作的法治自觉。社会工作法治自觉是社会工作行业从业者主动、有意识地认知法律、运用法律、改变法律以服务于社会工作职业、社会工作服务对象。它所反对的是被动法治化，或者法治不自觉的状态。

对社会工作实务领域的观察会发现社会工作师对于法律存在一些误解。比如将法律与社会工作伦理混为一谈，或者误以为社会工作伦理责任可以代替法律，或者机械地认为只有涉及法律责任才需要法律。这种意识或者看法广泛弥漫在中国社会工作师身上，影响着中国社会工作的实践，并潜藏着行业发展的危机。

由于我国的文化传统等因素，人们容易忽视法律权利，使得法律的实际意义大打折扣。法律的基石在于权利，法律责任归根结底是为保障权利。法律的有效性亦在于权利，法律的发展即是逐渐权利化的过程，现代社会已经进入权利的时代。这种法治自觉在主体层面体现在增进服务对象权利义务的自觉和推进本行业法治化的自觉。

社会工作的法治自觉主要是法治的精神。具有这种精神，即使在中国社会工作法制尚不健全、法治状况不理想，未来也会在这种精神的推动下不断改善。同时，这种自觉也唯有通过具体议题的回应得以展现。

二、法治与社会工作职业化关系

（一）通过立法推进社会工作职业权力构建

以色列学者 Israel Doron 等从职业主义理论的角度调查了以色列社会工作师法案实施十年后的效果，发现法律对社会工作师权力赋予的重要意义，是社会工作职业化进程中的高级阶段①。社会工作师权力不同于社会工作师权利，前者是法律赋予社会工作师独享的职业权力，也是社会工作职业空间的根本保障。我国相关的研究聚焦在统一的社会工作师立法中如何规定社会工作师执业范围。② 但这仍然是非常笼统的立法研究，具体的社会工作师对特定群体或特定领域的权力和职务尚需要在各个群体的权益立法层面进行研究。目前文献中只发现叶静漪等在谈及社会工作事业立法、权益立法时，指出应该增加条文明确社会工作师的职能、权限③，但仍然只是倡议，尚未发现回应。针对不同服务对象，西方国家通过法律授权给社会工作师实践的权力，以支持性服务或者照顾服务等发挥预防功能，通过申请照顾令或者强制进入医院等方式来发挥保护功能。法律法定了社工的职业空间，保障社工职业化。同时，法律设置了强制介入的法律条件以及符合正义的介入程序。这主要涉及社会工作师在儿童、青少年、家庭、成年人服务和精神健康、刑事司法领域的权限。比如儿童社会工作师报告的职责在域外较为普遍。如美国五十个州都有法律规定社会工作师举报虐待和忽视儿童职责，社会工作师被要求违反保密义务而保护儿童的福祉④。瑞典《社会工作服务法》第 14 章甚至规定了社会服务部门工作人员针对儿童虐待、老人虐待、功能障碍群体行为向社会福利委员会举报义务。

　　目前国内初步讨论了社会工作主体立法框架研究⑤⑥⑦，社会工作师权利

---

　　① Israel Doron, Yitzchak Rosner, Mirit Karpel. *Law, Social Work and Professionalism*: *Israeli Social Workers' Attitudes towards the* 1996 *Social Workers Act*. Journal of Social Welfare & Family Law, 2008, 30(1).

　　② 这方面的研究成果主要表现在民政部社会工作司编的《社会工作立法问题研究》。

　　③ 叶静漪等:《从社会立法到社会工作立法》，载民政部社会工作司编:《社会工作立法问题研究》，中国社会出版社，2011 年版。

　　④ Barry Rock, Elaine Congress. *The New Confidentiality for the* 21 st *Century in a Managed Care Environment*. Social Work, 1999, 44(3), p.256.

　　⑤ 叶静漪等:《从社会立法到社会工作立法》，载民政部社会工作司编:《社会工作立法问题研究》，中国社会出版社，2011 年版。

　　⑥ 王云斌:《社会工作立法框架建构研究》，《社会福利(理论版)》，2012 年第 8 期。

　　⑦ 任海凌:《社会工作者法刍议》，《第二届中国社会工作论坛暨第五次内地与香港社会福利发展研讨会论文集(内地部分)》，2004 年。

义务立法的研究①②，社会工作行业协会及机构立法研究③，但在本土化、体系性上有待深入和完善。其实，社会工作师权力与职务问题正是社会工作职业发展的关键所在。中国社会工作职业化滞后原因之一在于尚未捋清社会工作可以作为的空间，进而以立法上根本保障社会工作师的职务，推进社会工作行业实质发展。这些实质问题涉及诸如医务社会工作师职责是什么，矫正社会工作师职责是什么，儿童社会工作师职责是什么等诸多问题。

(二) 通过立法规范社会工作职业行为

社会工作师渎职及其责任是本领域的研究热点。④ 20 世纪 70 年代之前，美国社会工作行业并不关注这一议题，因为社会工作师和其他社会服务工作者一样享有事实上的法律豁免权，可以免于渎职起诉。然而，70 年代以后，随着越来越多的社会工作服务的开展，社会工作师面临越来越多的渎职诉讼。总的来说，这些起诉的情形包括违反社会工作师执照法律、不及时报告儿童虐待和忽视现象、采用未经测试的治疗技术、不能向健康或安全受到威胁的第三方提出警告、保密问题特别是涉及互联网为基础的服务、不符合伦理标准以及实践标准等。⑤ 由于中国社会工作立法的起步阶段，此领域的渎职行为研究尚属空白。

---

① 唐咏：《社会工作师的价值观与伦理建设——社会工作师条例权利和义务部分的建议说明》，《社会工作》，2008 年第 9 期。

② 黎军、张旭：《社会工作师法定权利义务研究》，民政部社会工作司编：《社会工作立法问题研究》，中国社会出版社，2011 年版，第 126 页。

③ 高崇惠、吕涛：《社会工作服务机构立法问题研究》，民政部社会工作司编：《社会工作立法问题研究》，中国社会出版社，2011 年版。

④ 代表性文献如 Frederic R. *Social Work Malpractice and Liability：Strategies for Prevention*. New York：Columbia University Press，1994. Ronald B. *Clinical Social Worker Misconduct：Law，Ethics，and Interpersonal Dynamics*. Nelson-Hall Publishers，1995. Rosemary K，Jenny R. *Integrating Human Service Law and Practice*. Oxford University Press Australia & New Zealand，2007. Theodore S. *The Role of Law in Social Work Practice and Administration*. Columbia University Press，2004.

⑤ Theodore. S. *The Role of Law in Social Work Practice and Administration*. Columbia University Press，2004. Frederic R. *Social Work Malpractice and Liability：Strategies for Prevention*. Columbia University Press，1994.

(三) 法治框架下的社会工作职业行动

职业活动领域的延展。司法社会工作是社会工作法律中相对成熟的领域。司法社会工作是社会工作机构及其从业人员与司法机构在其中相互依托的服务领域。[①] 我国目前讨论的司法社会工作主要包括：社区矫正中的社会工作、劳教戒毒中的社会工作、监狱社会工作、教育矫治中的社会工作、帮教安置中的社会工作、人民调解中的社会工作、法律援助社会工作。[②] 实际上，目前的司法社会工作发展已经超越严格的"司法"概念本身，比如监狱、人民调解、法律援助等领域已不是"司法社会工作"概念本身所能够涵盖的。如果说社会工作的制度构建是在立法层面，司法社会工作主要在司法层面；从法治的逻辑链条看，社会工作的职业行动还可以继续延伸。除了司法社会工作，还存在被忽视的执法社会工作领域。国外已经尝试警政社会工作而国内还没有展开。警政社会工作的兴起与特定的服务对象有关，如对老年人、妇女、受虐儿童等服务。警政社会工作师从柔性服务角度对这些群体的心理、社会进行帮助，而警察则主要是处理刚性的管理性问题。警政社会工作师的优势推动了警政社会工作的发展，有着良好的发展前景。[③] 再者，社会工作师通过法律宣传、教育、咨询、资源链接等方式为特殊群体服务，增强他们的法律意识，提升法律能力。相对于一般的普法宣传活动，社会工作师的这种法律推广具有针对性、综容性。恰当地采用个案工作、小组工作、社区工作等多种专业方法开展法治宣传，方法更加多样性。在开展法律活动中，并不单传强调法律的教育，而是在服务对象整体的心理、社会的系统中展开。这属于普法、守法领域的社会工作职业行动。总之，法治维度有助于我们延展社会工作职业行动领域。

案主增能与社会变革。法律既是个体权利保障的武器，也是社会变革的媒介。社会工作通过法治行动，利用法律与政策资源，维护案主的权益，赋予案主权力。法治之于社会工作实践，不仅在于案主的微观增权方面，也具有社会的意义。尽管西方社会工作的内部面临着"去社会变革"[④]的危机，但社会工作

① 何明升：《司法社会工作概念的缺位及其补足》，《法学论坛》，2012 年第 2 期，第 138 页。

② 罗大文：《司法社会工作推进综述》，《社会工作》，2011 年第 8 期，第 32 页。

③ 何明升：《司法社会工作概念的缺位及其补足》，《法学论坛》，2012 年第 2 期，第 142 页。

④ 李伟：《社会工作何以走向"去社会变革化"——基于美国百年社会工作史的分析》，《社会》，2018 年第 4 期。

如何践行"社会性"是学界一直尝试回应的问题。① 19 世纪末到 20 世纪 30 年代，以亚当斯为代表的西方社会工作师强调通过社会立法来推动社会的变革，法律与社会工作具有内在的亲和性；20 世纪 30 年代至 50 年代，个体治疗的取向下法律与社会工作的互动关系疏远；20 世纪 60 年代以来，社会问题逐渐复杂化、多样化，法律的介入成为必须，法律与社会工作的紧密关系重新得到重视。② 尤其社会治理的宏大背景下，社会工作被认为是中国社会治理的重要制度安排。中国社会工作的发展也是基于这一特定机遇，自然无法脱离这一宏大的使命。法治是社会治理的基本保障，回答社会工作的宏观使命必然要联系到法治层面。这种结构取向的落地依赖于法治。换言之，这是一种变法社会工作；是社会工作师通过法律途径等方式来推动相关法律变动的社会工作。它以人道主义和社群主义为基本价值理念，以社会建构为重要目标。法律则是制度建设与变革的重要方式，法治是社会工作界实现社会层面变化的有效路径。为此，社会工作师基于法律知识与技能，通过法律诉讼、法律建议等方式，为弱势群体争取法律权益，从而推动法律与制度的变革。

三、法治与社会工作专业化关系

(一) 建设法律社会工作学科

1. 法律社会工作的缘起

从目前的教育来看，常规的做法是社会工作专业课程中加入法律课程，或者法律课程中加入社会工作课程。遗憾的是，目前的法律教学并未有效地增进学生在社会工作实务工作中的法律能力，③ 社会工作师依然无法在法律场域中获得自信，法律工作者依然无法在实践操作中运用社会工作的技能。因此，如何推进二者的关系尚未有效解决。我们看到，法律与社会工作的交织产生了一个新领域，就是司法社会工作。这一个领域并非司法与社会工作的简单互动，而是一种深度融合。换言之，也就是从司法与社会工作的互动走向了整合，从而产生了司法社会工作。这种逻辑同样适用于法律与社会工作。司法社会工作

① 何雪松：《社会工作理论》，上海人民出版社，2007 年版，第 223 页。

② 韩央迪：《法律与社会工作的互构：西方社会工作的实践与启示》，载《中国社会工作研究》，社会科学文献出版社 2014 年版。

③ Grace C., Wilkinson P. *Negotiating the Law*: *Social Work and Legal Services*. RKP, London，1978.

之所以优先产生，与社会工作追求个体体疗的取向密不可分。在当下，社会工作与法律尝试弥合个体治疗与社会变革的鸿沟，实现个体与社会目标的双聚焦。法律与社会工作的关系也有着走向深度融合的目标。

法律社会工作因此是一个独特的概念。首先，它不同于社会福利法律，后者是社会工作师为了满足服务对象必须熟知的法律，也就是说，社会福利法律是对于社会工作服务相关的法律的统称。其次，法律社会工作不同于社会工作法律，后者更多的是围绕社会工作本身相关的法律，包括社会工作师、社会工作机构、社会工作协会等法律。法律社会工作是社会工作与法律的交叉学科，是一种学科外部关联而产生的新学科，两大学科间的关系也成为研究领域。法律社会工作学科的目标在于描述与分析法律与社会工作实践的互动关系及其整合，涉及二者关系的本质、范围和复杂性。① 社会工作与法律的互动关系是二者关系中较为显现的一面，并具有重要的意义，然而这并非社会工作法律的核心之处。研究二者的互动关系只能成为社会工作领域或法律领域的一个研究主题，而从互动关系走向整合，则意味着一个新学科的产生。

2. 法律社会工作的内容

由于社会实践的复杂性，整合法律与社会工作需要以两门学科知识为基础，根据特定的情境，建构共同的学科语言，以此帮助法律社会工作师作出决定，这是一个更为广阔的领域。其功能在于指导社会工作师平衡社会工作与法律，在法律场域的互动中获得自信；指导法律工作者运用社会工作方法向特定群体提供法律服务。

法律社会工作的定位在于中层理论。默顿开创了社会学的中层理论方法论，既反对宏大理论，也反对低层次经验命题。中层理论跨越宏观与微观之分，"处在下述两方面之间：一方面，在大量的日常研究中逐步形成的微观的而且必要的工作假设；另一方面，一种包括一切的，有计划、有步骤的努力，旨在提出一种将证明所有可观察到的社会行为、社会组织与社会变迁的一致性的统一的理论"。② 中层理论启发我们探讨具体的实质性事件和问题。中层理论对法律社会工作亦有启发。法律社会工作在方法论上并不是只是告诉人们法律规定的内容是什么，边界是什么。它也是关于去分析这些法律被社会工作师如何遭遇、概念化、情景化和功能化，以及如何被法院理解；同时也是分析社

---

① Preston-Shoot M., Roberts G., Vernon S. *Social Work Law*: *from Interaction to Integration*. Journal of Social Welfare and Family Law, 1998, 20(1).

② Merton, P. K. *Social Theory and Social Structure*. Free Press, 1968, p. 42.

会工作理论、方法与技术是如何被法律工作者理解、运用的过程。这就是法律社会工作的独特之处和价值之处。正是法律实质条文、社会工作服务情境与社会工作价值和知识形成的超结构，这之间的动态关系成为法律社会工作的独特标志。

(二)扩展社会工作理论中的法治元素

1. 社会工作基础理论的法治维度

相对于实践理论而言，社会工作基础理论是关于社会工作基本问题的理论。它首先要回答的问题是社会工作是什么，社会工作的研究对象是什么，社会工作的功能任务等。尽管国内外的讨论纷繁，但"利他"是社会工作的本质得到了不少学者的认同。值得注意的是，作为一种职业和专业的社会工作，这种利他还需要"制度化"。换言之，"制度化利他主义"是现代社会工作的本质特征[1]。制度化是对社会结构的反映，而在吉登斯看来，社会结构最核心的则是规则和资源。从法学的角度看来，所谓的制度化是法律认定的结果。正如舍勒所言，"法律认定的要求日益取代自由的仁爱行为和牺牲行为，因此，爱就变得日益多余了"。[2] 正是现代社会法治化取代基督教的博爱，爱变得"多余"了，社会工作才能从民间的个体行为蜕变为社会分工的一种。社会工作产生、发展，甚至演变的整个过程都不离法治的身影。因此，回答社会工作的元理论问题也无法脱离法治。

值得反思的是，国内社会工作理论的研究过于依赖于美国经验，而"国家性、理论性和立法性较强的德国和欧洲大陆国家对中国的影响几乎是空白。"[3] 由于国家模式的差异，美国社会工作的体系过于依赖于市场和社会，国家性弱，社会工作沦为心理市场的一个配角；由此产生的理论也更多是实践的层面的，法治的位置在社会工作理论的位置并不突出。相反，欧洲社会工作体系建构仰赖于社会立法，强调理论体系的法治色彩。在此意义上，社会工作的基础理论需要回答社会工作体系建构与社会立法的关联、立法之于社会工作的功能、理念与思想等等基础性问题。汲取欧洲经验，我们将拓展社会工作理论的

---

① 郭景萍：《现代社会工作的基本特征：制度化利他主义》，《社会科学研究》2005 年第 4 期，第 114~119 页。

② 马克斯·舍勒：《价值的颠覆》，曹卫东译，三联书店，1997 年版，第 90 页。

③ 张威：《国家模式及其对社会政策和社会工作的影响分析——以中国、德国和美国为例》，《社会工作》，2016 年第 3 期，第 43 页。

法治元素。

2. 社会工作实践理论的法治维度

社会工作领域教授米奇利被认为真正明确及系统地提出了发展型社会政策的框架。米奇利重新审视了社会福利的概念，基于发展视角试图超越社会福利残余模式和制度模式的对立，而以制度为基础，多元主义的动员社会体制。[①]米奇利由此将法律、法治纳入社会工作理论中。此外，结构社会工作视角理论、女性主义社会工作等也强调理论中的法律或者法治元素。这些主要彰显在宏观维度社会工作实践理论的建构中。

除此之外，研究一个融合法律和价值基础的知识和理论框架也是重要理论主题。社会工作作为社会福利的传递机制，大部分情形是在传递法律所规定的福利，社会工作价值与法律的冲突与协调问题成为主要议题。一般而言，法律是在伦理的基础上的，包括伦理追求的机会平等、合作、社会秩序、自决等。但是，法律有时候比社会工作专业价值更加有限制性。社会工作师必须作出决定需要一个理论框架，包括价值、法律、组织性情境、应用社会科学(包括一些涉及个体和组织的防御机制、风险、内在压制的议题)、服务对象、社会工作任务。这个框架的意义在于，它使得一些朦胧的概念如需求、伙伴等有了实质内容，也使得模糊的法律清晰化。这样的框架能够推进特定的服务案件，寻找作出决定的原则，有助于实现最佳实践，解决实践中的冲突。国内对此还没有充分展开，更多的讨论还缺乏实践境遇中的探究，总体上仍处于理论层面的一般探讨。国外对社会工作实践所需要的法律知识得到广泛地梳理和分析。[②]

四、法治与社会工作本土化关系

中国社会的发展整体处于转型时代，社会工作制度在中国的创建、发展与完善根植于转型的时代背景。从社会层面，这一过程是历史传统与现代文化碰撞、西方思想与本土经验碰撞的阶段。因此，本土化的社会工作状态仍然处于进程中。法治是影响社会工作本土化中诸多因素的重要部分。尽管当前阶段法治与政治因素密切相关，但随着法治建设进程加快，法治的独特影响日益明

---

① 赵环、肖莉娜、何雪松：《迈向社会政策与经济政策的融合——梅志力社会福利发展论的当代启示》，《社会福利》，2010 年第 2 期。

② 代表性文献如 Theodore S. *The Role of Law in Social Work Practice and Administration*. Columbia University Press，2004. Frederic R. *Social Work Malpractice and Liability：Strategies for Prevention*. Columbia University Press，1994.

显。目前专门针对大陆社会工作的法律法规尚未出台，社会工作领域的规范表现为相关政策文件。与域外社会工作发展成熟国家或地区的社会工作立法相比，大陆社会工作的法治进程表现出明显的政治性。我国的社会工作事业以党和政府的政策目标为导向，政治意识、政治利益嵌入社会工作的发展中。

在未来的研究中，法治可以在以下三个重点方面有所推进。其一，开展法律与社会工作移植研究，介绍国外研究情况可以填补国内研究空白，引发更多学者关注，从而丰富本领域的讨论，推进法治自觉的良性循环。其二，推进法学与社会工作学跨学科合作与融合。国内重点关注社会工作立法，但是缺乏跨学科的合作与融合。法学界人研究容易忽略社会工作的独特性，社会工作界人研究往往缺乏法理分析。未来需要法学与社会工作更多的对话，以关注社会工作立法理论研究，深入考察在立法中如何体现社会工作的特殊性，形成兼备法理适合社会工作的社会工作立法研究成果。其三，以中层理论为指导，实践案例为样本，研究本土社会工作伦理与法律关系议题。一些英国和美国的学者已经收集社会工作师涉及的法庭案例并且进行了详细和深入的分析。这些研究尝试将理论与实践结合，属于中层理论，对社会工作实践者有实际的帮助而受到社会工作师的欢迎。

在社会工作的场域内，我们从法治维度分析了社会工作职业化、专业化、本土化。尤其是指出了前有文献忽略的法治化与社会工作专业化的关联；更为全面地分析和论证了法治是社会工作职业化、专业化和本土化的必要依托，也是内在构成元素。社会工作的发展与中国法治社会的变迁有着密切的关系，互动性渐强。社会工作共同体需要形成"法治自觉"，主动运用法治工具，参与法治建设，推进社会工作的发展。

五、福利权与社会工作权

在本书的立论上有一个基本前提就是社会工作的服务对象享有福利权，立法者赋予社会工作权根本在于兑现福利权。

福利权是公民处于贫困状态或者弱势状态下有权请求国家给予援助从而满足最基本的生活需求。福利权最初被视为政府的施舍，进而成为一项财产权，当代则被视为公民的一项基本的宪法性权利。[①] 福利权是人权的基础部分，国家尊重和保护人权，即意味着国家有义务和责任实现公民的福利权。建立福利制度的目的即在于实现这一目标。社会工作制度是现代福利制度的重要组成部

---

① 陈国刚：《福利权研究》，中国民主法制出版社，2009年版。

分，建构社会工作制度因此与福利权密切相倚。

社会工作权是社会工作的职业权力，这一权力的赋予在于福利权的设定。本书所讨论的社会工作师所应具有的职业资格权、专业自主权、请求协助权、保障性权利以及诸项义务是履行社会工作职责，实现服务对象福利的基础。这些权力属于公法领域，也受到特定的限制。在此意义上，我们看到，社会工作权和福利权是相一致的，协调的。

不容回避的问题是，社会工作权与福利权也有内在矛盾。庞飞对社会工作师专业权力与服务对象权利动态辩证关系进行了分析。[①] 在社会工作专业化进程中，社会工作权是专业和职业的追求，但也有人批判这会导致专业主义[②]，损害了服务对象的权利，从而倡导"去专业化"[③]。从实践的角度看，当前的确出现了损害社会工作服务对象权利的行为。社会工作倡导"需求为本"，以服务对象的需求而非其他需求为导向。然而，在中国社会工作的项目化实践中研究发现，项目的目标往往融入了机构的需求、社区的需求以及政府的利益，有的时候甚至不利于服务对象的需求实现。[④] 这种需求的置换是否可行？如果不加分析的否定往往导致社会工作实务无法开展。当下中国大部分的社会工作服务以项目式开展，而项目的需求提出方往往是街道、社区。他们往往基于自身的需求提出项目需求，而真实的服务对象需求被遮蔽了。实际上，大部分社区民众并不清楚社会工作的意义何在，也缺乏一种争取权利的意识。当下，社会工作项目更多是自上而下的发现需求，而非自下而上的逻辑。无疑，这会出现需求误差，也会损害服务对象的利益，但却是历史的必要过程。

从权利的角度看，实际上专业化过程是调整社会工作权与服务对象权利的过程，这一过程中需要置于不同的历史发展阶段、不同的地域以及文化和情境来进行考究。本书在前述章节专门讨论了本土社会工作的场域，目的即是如此。当下，中国社会工作的专业权力并未达到应有的地位，在专业权力与服务对象权利动态调整中，专业权力受到了重视。这一倾向并非忽视服务对象的权

---

① 庞飞：《权利与权力关系视阈下社会工作的专业化逻辑》，《中南大学学报：社会科学版》，2018 第 4 期，第 144 页。

② 葛忠明：《从专业化到专业主义：中国社会工作专业发展中的一个潜在问题》，《社会科学》，2015 年第 4 期，第 96~104 页。

③ 吴越菲：《社会工作"去专业化"：专业化进程中的理论张力与实践反叛》，《河北学刊》，2018 年第 4 期，第 168~174 页。

④ 杨超、杨晋娟：《嵌入中的信任建构：基层村居治理的生存逻辑》，《社会工作与管理》，2019 年第 3 期。

利，而是为了在下一历史阶段更好地促进服务对象权利的实践。在这个意义上讲，我们当下尤为重要的研究在于社会工作权。

除了一般意义上讨论福利权与社会工作权，还有必要针对特定群体的权利展开分析。本书以儿童和老年为例展开讨论。

儿童福利权问题得到广泛关注。儿童福利权与一般性的福利权一样，被视为其他权利的逻辑起点以及制度基础。从宪法人权的角度看，儿童福利权包括五个方面的权利，即生存与发展权、健康与保健服务权、受教育权、适当生活水准权及残疾儿童特别照顾权。① 其中每一项权利有具体分为子权利，它们共同构成了有机的儿童福利权体系。国家对于儿童福利权有保护的义务②，这意味着国家对于儿童的监护、公共物品提供等负有责任。然而，国家作为抽象的主体，具体又由谁来实践呢？政府部门通过政策与制度设计建立儿童福利体系，而具体的执行落实到每一个儿童及其所在家庭则需要特定的主体来实现。由于政府人员编制、经费等限制，政府不可能通过部门人员来亲自实现。这时候，社会工作师作为专业的人员，显现其政策执行的优势。这隐含的意义是，社会工作师可以作为儿童的监护人、公共产品的输送者等。对此，法律应当为社会工作师相关的实践提供法理支持，为社会工作师作为儿童的监护人等设置合法性。这一点需要对现有的法理体系进行修订。因此，我们看到，社会工作师立法并不仅仅是出台一般性的社会工作条例，还需要针对特定的领域赋予社会工作师相应的职权。

老年福利权问题是老年社会工作权的前提。随着我国人口老龄化趋势越来越严重，预计到 2030 年我国将成为超老型国家。老龄化的影响重大，一方面，老龄化影响老年人身心健康，家庭养老问题突出，加重了经济负担，独居老人和空巢老人增多，社会稳定受到挑战；另一方面，老年服务、老龄产业作为朝阳产业，带来新常态下的产业结构调整的机遇，也是发展第三产业的引擎。为此，回应挑战、抓住机遇成为当代中国社会发展的迫切问题。总体来说，目前对于老年福利权的研究主要集中在经济领域的老年保险、社会学领域的老年服务，而法学领域的研究并不多。③ 积极应对老龄化背景下，我国政府提出了

① 吴鹏飞：《儿童福利权体系构成及内容初探——以宪法人权理论为视角》，《政治与法律》，2015 年第 2 期，第 62~71 页。

② 吴鹏飞：《儿童福利权国家义务论》，《法学论坛》，2015 年第 5 期，第 34~43 页。

③ 郭琳：《论我国老年人福利权的法律保障及其完善》，湖南师范大学学位论文，2012 年。

"构建养老、孝老、敬老政策体系和社会环境，推进医养结合，加快老龄事业和产业发展"的要求。目前我国老年领域的法律主要以《中华人民共和国老年人权益保护法》为主干，相关政策文件为支撑的体系。2015 年新修订的《中华人民共和国老年人权益保障法》(以下简称《老年人权益保障法》)用 15 个条款来设定了老年人社会服务的规范，显示了国家对于老年人社会服务的重视。这15 个条款涉及老年人社会服务的需求、国家支持框架、服务机构、服务模式四个方面。尽管这部法律进行了新的修订，但遗憾的是并没有将社会工作纳入其中。

老年权益立法的起点应当是老年福利权，社会工作作为应对老龄化的重要力量，需要在各个方面发挥作用。《老年人权益保障法》第 37 条规定，为居家的老年人提供生活照料、紧急救援、医疗护理、精神慰藉、心理咨询等多种形式的服务。第 38 条规定，建立适应老年人需要的生活服务、文化体育活动、日间照料、疾病护理与康复等服务设施和网点，就近为老年人提供服务。第 49 条关于老年人医疗卫生服务，鼓励为老年人提供保健、护理、临终关怀等服务。社会工作以需求为导向，在这些方面具有专业优势。国家是老年福利权的义务主体，在老年人的社会服务多个方面提供支持。《老年人权益保障法》在"社会服务"部分提到了国家对特殊老年人的支持，对养老服务设施、养老服务人才的支持，以及对老年医学、老龄产业的重点支持。其中，养老服务人才应当重点支持老年社会工作师，尤其是具有本科学历层次以上的人才支持。对于养老服务设施、老年医学和老年产业的支持实际上也是围绕老年社会工作师关系性网络的建构问题。对于老年服务机构需要鼓励社会工作师创办相应的机构，并给予法律支持。

六、中国共产党与社会工作师权利义务立法[①]

社会工作师的权利义务立法是地方化的，基于中国语境。随着中国的崛起，中国话语体系的日益强烈，我们在各个领域试图表明中国的特色。本土化不仅仅是一个知识问题，也是一个政治性问题。中国最大特色莫过于中国共产党的领导。近年来，社会工作与中国共产党以及党的建设、群众工作被密切的勾连起来。社会工作需要在党建中摆正自己的位置。这个问题尽管前面章节有所提及，但本书在此进行更为充分的讨论，并希望更为溯及本源的回答社会工

---

① 本部分根据笔者已发表论文修改而成。杨超：《关系论下党建社会工作范式反思》，《社会与公益》，2018 年第 9 期。

作与党建的关联问题。

社会工作与党建、群众工作有着内在的分殊和亲和。二者历史起源差异，社会工作起源于市民社会，而群众工作在中国仍然不是一个严格意义上市民社会；社会工作脱胎宗教，而群众工作是党的革命遗产；在构造上，二者在主体、对象、主体与对象的关系存在差异；在运作逻辑上二者也存在分歧，一个权力本位、行政逻辑，一个则权利本位、专业逻辑。但是群众工作也与专业社会工作有着较大的亲和性，二者在理论、思想、价值有共通性，在目标、功能的一致性，在方法有相似性。这些基本上得到学界的讨论，有了部分共识。但更为根本性的问题是为什么在中国要特别强调党建、群众工作，以至形成一个党建社会工作的领域。本书认为，这一元问题要从范式层面进行反思。

(一) 西方社会工作的前置范式

科恩提出了范式概念，后来这一概念引入社会科学领域，并得到延伸发展。目前可以认为，范式是学术共同体对本领域基本问题的共识。在定义社会工作时，我们格外需要讨论"社会工作"之"社会"。

在马克思的定义中，社会是一个整体的社会形态的范畴，与文化人类学中"文化"的内涵类似。整体性的社会可以分为三个层次，即经济领域、政治领域、文化领域。毛泽东在《新民主主义论》中就坚持了此框架。然而，作为学科的"社会"，在现代学术分工的高校内，不可能是整体性的社会。那么，与经济、政治、文化并立的社会领域在哪里？马克思、毛泽东都没有给出答案。黑格尔在《法哲学》认为社会乃是与国家相对应的领域，是私有制下市场经济的领域，也被称为市民社会。国家-社会的框架，与整体利益-私利区分相一致。黑格尔时期，德国处于分裂状态，国家统一成为黑格尔一代德国学者思考的主题。黑格尔认为，市民社会是市场主体追逐个体利益过程，私利占据主导地位，必须上升到国家才能形成统一的整体利益，国家因此成为公共利益的代表。即便如此，哈贝马斯等人认为，国家尚不足以代表公共利益，存在缺陷，而社会领域就是一个市场、国家之下，讨论公共议题、弥补公共利益不足的领域。这个领域有明显的政治色彩，称之为公民社会。由此，形成了国家-市场-社会三分框架。

西方社会工作的"社会"也是在这三种分析范式的基础上构建的。严格来说，现代西方社会工作默认的是国家-市场-社会三分框架。这是社会工作的前置分析范式。社会工作作为第三种力量，回应国家和市场失灵，并以国家不干预、市场自由发展为前提。然而，在中国的语境中，这出现了混乱。

(二)中国社会工作的前置范式

中国语境下社会工作概念的混乱其实有其必然性。虽然在学术上，我们可以梳理出常见的社会范式，但是在中国共产党执政的当下中国，这些范式并没有根植于中国的现实。透过对中国共产党政策，我们可以发现中国脉络下的范式。中国共产党第十三次全国代表大会、中国共产党第十四次全国代表大会提出了物质文明建设、精神文明建设。中国共产党第十五次全国代表大会提出政治建设，中国共产党第十六次全国代表大会提出社会建设，中国共产党第十七次全国代表大会提出生态文明建设，中国共产党第十八次全国代表大会指出经济、政治、社会、生态、精神文明五位一体作为国家建设的总任务，中国共产党第十九次全国代表大会延续了五位一体的设定。由此，我们发现中国共产党对于社会领域的界定不同于学界所提出的任何一种范式。中国的社会领域不同于西方的社会领域，它的范围更加狭小，是西方意义上在生态和精神文明(文化)领域之外的社会。似乎分析中国的范式是一个五环构成的框架，即政治-经济-社会-生态-精神文明(文化)框架。但本书以为这仍然不足以反映中国的实际。中国的"政治"概念不同于西方的政治概念，其重要表现就是中国是党政一体。而党透过它的组织渗透到中国政治、经济、社会、生态、精神文明建设。在研究中国问题时忽略党，就是在忽略中国最大的特色。因此，本书以为分析中国的范式可以采用党/政治-经济-社会-生态-精神文明框架。

很明显，这一分析框架的形成有一个历史过程。西方的分析框架——以国家-市场-社会为例，先形成社会，再有国家、市场。而中国的分析框架，粗略看是先有中国共产党进而有政治，再推进经济、社会、生态、精神文明领域的发展。这就决定了中国的社会的生成也不同于西方。由于生成路径的差异，在各个领域分离产生的过程中，民众所形成的路径依赖就会产生中国的特殊性。中国共产党在中华人民共和国成立以前，作为一个革命党，其三大法宝是武装斗争、群众路线、统一战线。细致地分析，我们发现群众路线、统一战线与当前西方话语下的"社会工作"有诸多相似之处。而这两大革命遗产依然被中国共产党沿用，对当下的中国产生巨大的影响。这也导致实践中人们混淆群众工作或者思想政治工作与专业社会工作。中华人民共和国成立以后，采用计划经济体制，企业办社会，社会孕育在经济领域，在改革开放经济体制改革下，单位制逐渐解体，社会分离。由此兴起了社区服务、社区管理、社会建设、社会管理、社会治理等改革浪潮。但是，单位制并未彻底解体，单位制下工会组织、单位制带给人们的思维影响与依赖等，继续影响当下的社会工作。因此，谈及中国的社会工作领域，我们不难理解，当下中国社会工作定义之难。实际上，国家、市场、社会之前从来没有严格地界限。项飚研究提出普通人的国家理论，认为国家乃是一个总体性的国家。① 中国社会工作在新世界虽然进入官方话语，迎来发展的黄金阶段，但依然在夹缝中生存。其根本原因就在于在党/政治-经济-社会-生态-精神文明框架下，社会仍然处于分离过程中，政党、国家对于社会领域的深远影响超越西方语境的想象。

（三）如何对待中国社会工作的前置范式：关系论视角

西方社会工作和中国社会工作的前置范式并不相同，而如何对待这种差异实际上涉及研究中国的方法问题。张维为在《中国震撼：一个"文明型国家"的崛起》中提出，解释中国，常常有两种话语，一种是西方给我们的，这是最流行的，常常成为我们不假思索的解释语言，但是要注意这是西方的；另外一种本应该是我们国人自己的解释，可惜这种解释存在，但是声音不大，而且还没有形成体系，因此它常常竞争不过前者。但是，最适合的解释是后者，而且这种解释还会影响下一步行动。② 曹锦清先生在《黄河边的中国》提出，"从内向外看，由下往上看"。③ 但是，实际可能的是我们由外往内看，从西方的立场来看中国，用理论来裁剪事实。虽然这也是中西结合，但是目的是偏颇的。以中国为中心，意味着西方只是我们的一种参考。用西方的几种范式来剪裁中国现实，我们对中国社会的认识更加混乱，发现社会更加困难。

然而，我们看到实际上西方社会理论前沿也在进行范式的反思。从传统的实体论转向关系论证得到越来越多学者的认同。国内 2018 年最新出版了《走向关系社会学》和《关系社会学：社会科学研究的新范式》，而国外有关 Relational Sociology 的文献越来越多，这些显现了西方社会理论研究范式的新转向。这种转向实际上在打破传统的国家-市场-社会的分析框架，从更为系统、全面的维度进行观察。关系论的核心观点在于反对实体封闭的自成逻辑的自我行动，而是主张透过行动者的关系网络进行分析。对于党建社会工作来说，关系论提供了很好的视角。关系论肯定在中国现实中，中国共产党对于国家、市场、社会等的独特影响，而主张将政党作为一个分析框架的增加项，形成党/政治-经济-社会-生态-精神文明框架。这个框架内各自的关系既有相互制约，也存在相

① 项飚：《普通人的"国家"理论》，《开放时代》，2010 年第 10 期，第 117~132 页。
② 张维为：《中国震撼：一个文明型国家的崛起》，上海人民出版社，2011 年版。
③ 曹锦清：《黄河边的中国》，上海文艺出版社，2000 年版。

互促进、甚至转化的可能。对中国社会工作的分析，需要考虑政党的影响，如果这一框架成立，绿色社会工作或者生态社会工作、精神文明社会工作的可能性也值得探索。

在此基础上，值得我们反思的当前的社会工作话语问题。中国社会同时存在几套话语，一套是官方话语、一套是民间话语、一套是学界话语。中国学界话语往往来源于西方，而对来自底层民间话语置之不理，对于官方话语则不深入探索，而试图以西方话语引领官方话语。中国政治体制以及这种现实对于中国社会工作的深刻影响并没有得到足够的重视，以至于我们构建的知识和理论在中国实践中脆弱不堪。

党建社会工作在西方话语看来不可想象，甚至充满不屑。如果我们以"译语"为前提，自然不会深入中国自己的可能分析范式，进而探索可能的本土实践模式。毫无疑问，中国社会工作的最大特色就在于中国共产党的独特位置。这不仅仅是社会工作领域，其他领域亦是。有人提出中国经济的奇迹在于"官场+市场"，而官场背后实际是党的意志。中国社会工作的发展也离不开官场，离不开中国共产党。当下我国广为讨论的社会治理，其社会治理体制是党委领导、政府主导、社会协同、公众参与、法治保障。中国社会工作的发展必然要嵌入社会治理的宏大使命与历史背景中，但是党委领导的作用与影响并没有引起我们充分的重视。党建社会工作的兴起或许是这一定位的必然表现。因此，正视党在社会工作的必然嵌入与引领是社会工作界首先需要明晰的一个问题。这一认识或许会得到忽视，但其地位凸显将日益显现。

由此，我们才能够谈及第二个问题，即中国社会工作发展策略问题。群众工作是我们党眼中的社会工作，而所谓群众实际是组织起来的民众。中国社会学的先驱者严复在翻译斯宾塞的《社会学研究》取名《群学肄言》，而没有采用"社会学"，其中的意味令人寻味。如果群学是中国本土的社会学，那么中国共产党眼中的群众工作与西方眼中的社会工作实际上同属一宗。当然，这里面的差异不可忽视。只是，如果从群学角度进行分析，吸取群众工作的宝贵遗产和实践经验，我们会格外强调西方社会工作之中的社区工作、社会组织等中层内容。这或许会带来社会工作知识的更新，也具有全球扩散的意义。这所引出的策略就是推进社会工作与群众工作的互融。

（四）如何影响社会工作师权利义务立法

如果借鉴域外社会工作师权利义务立法则几乎不会涉及社会工作与执政党的关系问题。它们也缺乏这样的经验库存。在中国社会不容讨论的问题是接受中国共产党的领导，社会工作也是如此。关系论下，我们尤其要关注社会工作师和服务对象关系网络中的党的部分。这一部分对于社会工作师权利义务立法的影响至少有以下几个方面。

其一，在社会工作职业管理体制上，以党委的领导为前提。这是社会治理体制的总体要求，也是各行各业的相关立法的要求。更为重要的问题是在立法设置管理体系上，党委应当通过什么方式来管理社会工作职业？

其二，在社会工作实践中，社会工作需要以党的路线方针政策框架为前提开展相关的专业活动。社会工作内部有着诸多流派，比如激进社会工作、改良社会工作等，它们在中国的适用范围需要立法者做出限定。同时，社会工作的重要意义在于促进社会治理，促进宏观层面的社会改革，这是区别于西方社会工作的重要方面。因此，立法应当给予社会工作师促进社会倡导、改变社会政策的途径以及正当性。这种方式应当是积极的，而非激进的；我们的目标在于构建有力的社会。①

其三，在社会工作资源联结以及实践方法上，社会工作师应当有意识地通过党员资源促进整合，有意识地促进党的工作方法以及群众工作方法等与专业社会工作地融合。社会工作师权利义务立法有必要对实际社会工作与专业社会工作的融合进行鼓励，并且出台相应的法律措施。

七、社会工作立法的理念

尽管本书关注的是社会工作师的权利义务立法，但我们主张对社会工作立法理念进行反思，以在更为宽阔的视野中理解社会工作师权利义务立法。

社会工作立法指的是针对社会工作主体、社会工作受助对象以及社会工作事业三个方面的立法，具有整体性。本书所讨论的社会工作师权利义务立法属于社会工作主体立法。从立法现状看，社会工作事业立法较多，比如救助工作、收养等立法；社会工作受助对象的立法也较多，并且在近几年进行了修改，比如老年权益保护法、妇女权益保护法等。社会工作主体的立法主要以规章制度为主，国务院层面出台的条例或者更高位阶的全国人民代表大会常务委员会出台的法律还没有。不仅如此，这些法律之间的衔接问题、技术问题也还没有解决。促进社会工作发展的道路上，尽管我们有必要讨论具体的权利义务法定、立法技术等议题，但是社会工作立法的理念却深层次地制约着立法的内

① 何雪松：《积极而非激进：宏观社会工作的中国图景》，《学海》，2020年第2期。

容与成效。"理念是任何一门学问的理性。"①它是立法者思想深处的根本内容，有必要予以梳理和分析。

学界围绕此做了一些讨论，本书作者合作的一篇文章中也提出了"我国社会工作立法应当坚持实质正义立法、福利性立法、社会本位立法、专业性立法和依法立法理念"②。实质正义立法是首要的立法理念，强调对于弱势群体的倾斜性保护。相对于其他专业，社会工作的核心服务对象比较特殊，是在社会中处于弱势地位的群体。这种弱势的原因既有个体的原因，也有社会性因素。社会工作主张"人在环境中"，以个体和社会的交互层面作为分析和干预视角。相对于心理学等微观视角，社会工作强调社会政策与社会环境的影响。因此，社会环境是造成弱势群体之弱势的重要原因。社会工作对于弱势群体如果不予以重点帮助则无法促进这个社会的公平正义。这一公平正义是从结果上来说，而非在机会上塑造形式的公平。促进社会的共享，尤其是弱势群体参与共享既是实质正义。③ 福利性立法则主张非营利性、非市场化的促进社会工作发展。社会工作为了促进实质正义，需要政府和社会履行责任。对于政府来说，通过立法建立政府购买服务的制度，建立或改变相应的财政支持政策，为社会工作项目、服务提供财力支持。对于社会来说，通过税收激励、捐赠减免、志愿服务优惠等立法促进社会积极向社会工作服务领域投入资金、人力等，提升整个社会的福利性。社会本位立法理念反对官本位、市场本位，而是回到社会自身。这意味着要激发社会的活力、促进社会组织尤其是社会工作机构的大力发展。同时要通过立法鼓励和支持社会工作人才队伍参与社会建设，从社会管理转向社会治理，实现多元主体参与治理，促进社会协同作用的最大化。专业性立法理念则强调回归我国本土现状，恰当处理行政性社会工作与专业社会工作的关系，避免将专业社会工作矮化。社会工作立法的目标是多元的，包括规范社会工作发展、促进社会工作专业化、职业化发展，提升专业地位和社会知晓度。总体来看，立法的主要目标在于回应当前的核心问题，即社会工作专业性提升、保障参与社会治理的专业效应。最后依法立法理念折射的是依据于我国《立法法》相关的立法规定进行立法。其中尤为值得注意的是促进社会工作相

---

① 黑格尔：《法哲学原理》，商务印书馆，1961年版，第2页。

② 张昱、杨超：《论社会工作立法理念》，《福建论坛（人文社科版）》，2013年第6期。

③ 何雪松、杨超：《共享发展：宏观社会工作的当代取向》，《学习与探索》，2016年第7期，第46~49页。

关部门之间的协调立法，以"系统的眼光，在于事物整体的紧密联系与合作中"①回应立法碎片化、部门协作"虚化"的问题。

八、社会工作立法、伦理与个性的关系

我们在前述部分章节提及了法律与伦理的关系，但讨论的较为笼统。从关系性视角下，我们需要更为整体性的谈论这个问题。除了前述的场域外，布迪厄社会实践理论构建的另外一个元概念是惯习。将这个概念引入社会工作领域，讨论社会工作师立法及其与伦理、个性的关系有助于我们进一步洞察其中的意涵。

惯习这个概念指的是行动主体的性情倾向系统，它是一个综合性的，既是历史性的又是当下的；既是稳定的又是可变革的；既是主观的又是客观的。布迪厄创建这一个概念旨在消除二元对立思维的影响，跳出西方传统思维的窠臼。社会工作师也具有惯习，我们在这里提出"社会工作师专业惯习"概念来分析法律、伦理和个性之间的惯习问题。② 总体上来说，惯习是一种实践感。当代中国社会工作师的实践感是怎样的呢？这需要对实践场域的社会工作师进行访谈才能够获得最真实的答案。本书作者在社会工作实践领域的多年观察发现，大多数社会工作师存在着迷失。他们迷失于自己到底是谁？社会工作能够做什么，如何与其他人区分开来？我们看到有大量的针对社工的戏谑。比如社工只会做游戏，社工开展项目是在堆砌活动，社工是伙夫等。这些都与他们所接受的专业教育理念和理论相去甚远，令人彷徨迷惑。我们可以把这些归之为社会工作专业性迷失。这一迷失的原因有很多，从布迪厄所构建的社会实践理论来说，我们要回到这一公式，即[（惯习）（资本）]+场域＝实践。因此，社会工作所处的场域特性、社会工作场域的资本状况深刻影响社会工作惯习的表现。前述章节探讨了社会工作场域的特性，包括强政治性、文化属性、实践性以及关系性，我们能够看到中国社会工作的复杂。对于社会工作场域的资本方面，社会工作的资本从容量、规模和类型上都不占优势。首先社会工作并非生产性领域，并不产生经济资本，反而是依赖于经济资本、消耗经济资本。其次，社会工作的文化资本方面，制度的文化资本包括法律制度构建、伦理建设。遗憾的是，当前这些都还在进程中。社会工作具有优势的资本在于社会资

① 弗里德尼希·卡尔·冯·萨维尼著、许章润译：《论立法与法学的当代使命》，中国法制出版社，2001年版，第37页。

② 何雪松、杨超：《社会工作师专业惯习建构》，《长白学刊》，2016年第4期。

本，它是制度化的网络关系及其资源。社会工作师格外重视联结资源、整合资源的能力训练，通过挖掘和整合社会各个方面的资源推进社会工作实践的展开。这之中往往要借助于社会工作的符号资本，为其谋得合法性。对于社会工作立法来说，通过各种方式鼓励和诱导社会资本的生产从而促进社会工作资本的累积是立法的重要方向。这包括促进互助、激励组织化等。此外，通过立法支持社会工作专业参与人力资源建设、资产建设等方面，提升专业附加值从而提升专业自身的经济资本。

就社会工作师专业惯习的具体结构来说，我们可以把它细分为三个部分，即社会工作师法律、社会工作师伦理、社会工作师性格及其三者的关系。[①] 三个部分的整合构成惯习，表现为实践感；然而三个部分的内在关系在整合中并非完全一致。在实践中我们看到不少社会工作师违反法律、伦理的案例。例如，2017 年报道的郭社工违反职业伦理与服务对象产生恋爱关系，并未向所在机构和管理部门说明，最后被注销社会工作职业资格证。[②] 2018 年在微博上有女生实名举报公益圈知名人士雷闯性侵多人的事件，雷闯也承认事实，令人惊愕。[③] 再如中国香港注册社工性侵云南女童案[④]，深圳女社工猝死案[⑤]。这些背后反映了法律、伦理和个性之间的较量，当前我国社会工作师的专业惯习内部结构呈现出伦理吸纳法律、个性吸纳伦理的问题。这与社会工作伦理建设空洞缺乏实操性和惩罚性、约束性有关；也与社会工作法律制度的缺位有关。在这个意义上，法律资源的补足是回应当前困境的重要措施。

在社会工作师专业惯习的内部结构关系上，三者呈现如图 3 所示的四类惯习类型。

尽管我们诉求第一种类型，即社会工作师的个性行为合法合理，但是还存在着其他三类值得花费更多时间精力研究的类型。这包括第二象限中合乎伦理但不合法、第三象限中违反伦理和法律以及第四象限合法但不合理的类型。合乎伦理但不合法并不一定指向遵守法律而忽略伦理，因为法律也可能存在"恶法"。所谓法治的前提是有良法，如果缺乏伦理对于法律的必要反对则法律也无进步变革之空间。合法但不合伦理的行为尽管没有法律的惩罚措施，但是伦

---

① 何雪松、杨超：《社会工作师专业惯习建构》，《长白学刊》，2016 年第 4 期。

② 来源于 http：//www. cpwnews. com/content-24-4992-1. html.

③ 来源于 http：//news. sina. com. cn/s/2018-07-25/doc-ihfvkitw3464852. shtml.

④ 来源于 http：//news. qq. com/a/20121204/001948. htm.

⑤ 来源于 http：//www. gdshjs. org/shjsyw/content/2013-12/27/content_88537219. htm. http：//www. sznews. com/news/content/2014-01-06/content_8965957_6. htm.

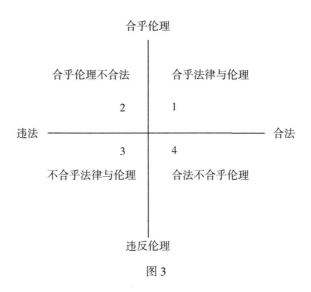

图 3

理的约束对于社会工作的影响依然重大。对于社会工作立法来说，应当保持必要的立法弹性或者设定一定的法律原则以适应时势的变化。值得注意的是，法律和伦理作为规训个体的两种技术，并不能因此否认个性的价值。在当代中国社会工作发展中，社会工作的形态尚未定型，还有着诸多的想象力和个性创造的空间，给予一定的制度宽容有助于开发属于中国独特的社会工作师惯习。

九、立法促进社会工作技术发展

本书提出了社会工作师所具有的权利，然而这些权利并不能停留在纸面上，需要面向实践。通过立法倡导或者明确社会工作的技术是社会工作师权利义务实践的载体。例如中国台湾地区出台了"社会工作师法"，并明确了社会工作师应当遵循的规范标准，出台了具体的配套实施细则，规定了社会工作师在个案工作、小组工作、社区工作中相应的技术及其记录规范。国内部分地方也探索了地方技术标准，有待于国家层面立法进行推广。基于国内对于社会工作技术的一些误解，本书尝试进行讨论，进而提出社会工作技术的一些类型，作为立法者的参考。

（一）社会技术与社会工作的同构性

工业文明以降，技术对于社会的物质财富的生产、人际关系的变化发挥关键性作用。早期的社会学家，如马克思将技术局限于经济领域，强调经济基础对于社会变迁的决定意义，而对非经济领域技术的深远影响估计不足。曼海姆回溯了这一历史，主张将技术扩展到有形的机器和工具之外，更为关注面向社会关系和人本身的社会技术。实际上，社会领域内的技术思想早已闪现。如亚里士多德在《政治学》使用相当多的篇幅讨论了社会技术，提出"家务管理技术""运用夫权技术""战争技术"等概念①。在韦伯的著作中，我们常看到"法律技术""实践技术""治理技术"等概念。然而，技术的相关的专门性社会学讨论并没有得到应有的重视。现代社会里，社会技术已经是现代人的一种存在方式。曼海姆认为，"整体上把这些以塑造人类行为和社会关系为其最终目的的实践和动作看成是社会技术。"②国内研究社会技术的主要学者田鹏颖认为，"社会技术是社会主体改造社会世界，调整社会关系，控制社会运行，解决社会矛盾的实践性知识体系。"③

　　社会技术与社会工作具有同构性。首先，社会工作是一种实践性知识体系，"它为增强人文社会科学应答方式的可操作性提供了新思路。"④社会工作理论是一种助人的实践性学科，社会技术与社会工作因此具有内在一致性。其次，诚如曼海姆所界定的，社会技术的目标在于改变社会关系和社会行为。关系论下，人是关系性存在的。社会行为也是社会关系中形成和展开的。在某种意义上，我们可以说，社会技术的实践面向主要是社会关系；而社会关系之于社会工作，具有基础性意义。社会科学本质上是调整社会关系的科学，不同学科以不同的进路与价值来分析社会关系，并在实践中构成了不同的社会技术类型，如法律技术、管理技术、社会组织技术等。社会工作并不致力于某种特定性质的关系，而是促进这些关系的调和。马克思所谓的"人在现实性上是一切社会关系的总和"，其关键点在于这个"总和"。社会工作就是要实现整个不同社会关系的"总和"的学科，这也决定了社会工作需要分析各种"关系"。它从心理学、社会学、法学、管理学等领域汲取知识，可以说，凡是能够影响这些关系和行为的知识都是必要的。在此意义上，社会工作是一种综融性的社会技术。由此，我们会意识到，社会关系对于社会工作的地位格外突出，关系理论也因此构成了社会工作的基础理论和最重要的理论之一。⑤因此，社会技术的

①　亚里士多德：《政治学》，商务印书馆，1980年版，第25~26页。

②　曼海姆：《重建时代的人与社会》，张旅平译，三联书店2002年版，第225~229页。

③　田鹏颖、赵晖：《论社会技术》，《自然辩证法研究》，2005年第2期，第62页。

④　刘大椿：《科学技术哲学导论》，中国人民大学出版社，2005年版，第441页。

⑤　文军：《西方社会工作理论》，高等教育出版社，2013年版，第141页。

思想也应当成为社会工作理论的重要元素。

(二) 社会工作技术: 技术理性与反思性兼容

社会技术之所以成为一种技术, 在于它是合理性的, 人们有意识、有计划地进行。曼海姆指出, 它尝试降低实践的随意性, 以理性应对人类社会的非理性, 推进非理性的理性化。[①] 这种规范性限定了在特定条件下针对特定问题的规范性动作, 从而促进了专业化。医学的专业性表现就是发展了医疗技术, 而法学界的研究也表明法律技术对于法律专业的重要意义。"技术"与专业和职业密切关联。专业技术、职业技术更为准确的表达一个学科的专业性。近年来, 国际上对于构建社会工作科学的讨论日益热烈。科学不仅仅是合理的, 还要求可检验、可重复, 而技术就是一套可以重复的规则与手段。技术是科学的重要标志。通过社会工作师执行社会工作界约定俗成或者共识的技术惯例、规则, 社会工作师保持了某种"精英"特质, 也能够将非专业人士排除在外。这对社会工作专业性的建构有所裨益。从某种意义上来说, 国际社会工作一百多年的发展历程是推进社会工作专业性建设的过程, 也是社会工作不断技术化的过程。建设包括关系理论在内的社会工作理论的重要使命也在于此。

此外, 社会技术本质特征之一是主体间性。[②] 这是社会技术区别于自然技术的重要方面, 它指明社会技术的实施者与对象之间并非主客关系, 而是互为主体性。社会技术的实施者既对其他主体进行关系调整, 同时也是特定关系中的被调整者。这一点突破了传统技术哲学所主张的二元对立, 表明主客体的复杂关系。

对于社会工作是科学还是艺术抑或二者的统一, 学界有着不同的看法。谈论社会工作技术是在假定社会工作是一门科学或者将走向科学的前提下, 但并不排斥社会工作的艺术性、反思性的必要空间。有学者指出以社会技术为导向, 实证主义范式的社会工作模式"往往遮蔽了反思性能动主体"[③], 从而倡导反思性社会工作实践模式。然而, 社会技术思想也在不断发展, 当下的社会技术思想也已经注意到这种反思性, 在技术理性主导下而将主体性纳入社会技术

[①] 曼海姆:《重建时代的人与社会》, 张旅平译, 北京: 三联书店, 2002 年版, 第210 页。

[②] 田鹏颖:《社会技术哲学引论》, 东北大学出版社, 2003 年版, 第 44 页。

[③] 郭伟和、徐明心、陈涛:《社会工作实践模式: 从"证据为本"到反思性对话实践——基于"青红社工"案例的行动研究》,《思想战线》, 2012 年第 3 期, 第 34 页。

的框架中。就中国社会工作目前发展阶段，专业化、职业化为紧迫目标，社会技术思想应当占据主导地位。

(三) 从自我规训技术到社会技术：社会工作技术理念的嬗变

17 世纪，英国哲学家培根提出了"科学无极限、人类为中心"的主张，被称为"培根计划"。其核心观点是科学是有效的，科学手段是为了完善人类，为了人类无止境的进步。① 由此塑造了一个格外强调征服、进取、功利的西方主流文明模式。这种理念下的形成的技术是一种为市场自由主义服务的，将所谓的自由、自主的主体驯服为功利主义的主体。福柯在《规训与惩罚》一书展示了这种微观权力技术强大的规训作用。产生于现代西方的主流社会工作，以临床社会工作为核心，也是一种自我规训技术。② 这种规训技术以传统的社会工作关系理论为基础，如客体关系理论、精神病学的人际关系理论、家庭关系理论等。它们发展了精致的微观技术，而忽略社会结构的压制。在此意义上，社会工作是一种社会控制的手段，而缺乏社会改革的意义。

然而，社会技术本身是中性的，而无价值取向，"一切取决于人类使用的意欲"③。曼海姆在分析社会技术是站在欧洲大陆和盎格鲁-撒克逊的角度回应自由主义和民主的危机。他希望通过社会技术进行社会重建，社会技术乃是为了自由和民主。"一切经济的、行政的和教育的法典不仅要乐于思考暂时的技术效率，而且还要愿意考虑更为深层的心理效果"④。在曼海姆看来，社会技术的价值追求不能局限于服务的效率，而所带来的社会影响更有意义。虽然曼海姆所处时代与中国当代性质不同，但是无论社会重建还是社会治理，曼海姆的社会技术思想的启发是推进社会层面的改革。西方社会工作界也开始了对传统社会工作作为规训技术的反思，而发展了一些边缘的社会工作理论，如生态主义社会工作、存在主义社会工作。发展社区为本的社会工作，走向社会建设是社会工作社会属性的展现。由此发展社会工作技术应充分体现社会层面的意

① 田鹏颖：《"培根计划"的终结与社会技术创新》，《中国人民大学学报》，2007 年第 4 期，第 92 页。

② 郭伟和：《从一种规训技术走向一种社会建设——社会工作参与现代国家治理的作用转变》，《浙江工商大学学报》，2016 年第 4 期，第 117 页。

③ Mannheim, K. *Diagnosis of Our Time*. London：Kegan Paul, Trench, Trubner & CO., LTD, 1943, pp.2-4.

④ 曼海姆：《重建时代的人与社会》，张旅平译，三联书店 2002 年版，第 246~247 页。

义，将社会使命纳入理论的视野。

(四)社会工作技术的类型与层次

曼海姆格外强调了现代沟通和教育两种社会技术。此外，曼海姆还提出了制衡的技术。法国技术哲学家埃吕尔对社会技术进行了更为细致的划分，提出了"政治技术""社会组织技术""社会心理技术"。①尽管上述思想家提出了部分社会技术类型，但并没有提出系统的社会技术谱系。总体来说，这还只是一种社会技术思想，而不是理论。将社会技术的思想转换为实际行动，还需要继续推进社会技术延伸，直至从社会技术进入社会"工作"技术。

从宏观上，技术可以分为自然技术和社会技术，社会工作就属于社会技术的一类。按照社会工作实践的过程，分为诊断技术和干预技术。按照社会工作干预对象的多少，分为个案工作技术、小组工作技术、家庭社会工作技术、社区社会工作技术和宏观社会工作技术。就特定实务理论来说，某理论的技术是本理论联结实践与理论概念框架的纽带。刘继同认为社会工作实务理论概念框架包括实务哲学、实务理论、实务模式、实务智慧、实务经验、亲身感受和社会生活实践七个类型，代表社工实务不同的层次结构。② 文军对社会工作实务模式的界定包括理论渊源、理论基础与特征、处置原则和过程、实务技巧以及运用几个层面。③ 实务模式是联结社会工作理论与实践的桥梁与中介，而实务模式的核心亦在于社会工作的技术。技术的再次操作化则会形成技巧，技术因此可以看作一组技巧的组合。

在社会工作领域，社会工作方法、社会工作技能、社会工作技巧和社会工作技术几个概念都在使用。笔者主张社会工作技术概念最优。学术界使用较多的概念是社会工作技巧④，但主要是针对微观领域。当我们转向发展社会理论层面的实践手段时，笔者主张不宜采用"技巧"。在英文中，technique 和 skill

---

① 陈昌曙：《技术哲学引论》，科学出版社，1999 年版，第 155 页、235 页。

② 刘继同：《社会工作"实务理论"概念框架、类型层次与结构性特征》，《社会科学研究》，2012 年第 4 期，第 78~88 页。

③ 文军：《论社会工作模式的形成及其基本类型》，《社会科学研究》，2010 年第 3 期，第 6~13 页。

④ 国内使用较多的是特里维西克的《社会工作技巧：实践手册》。本书将社会工作技巧等同于社会工作技能，主要包括沟通、倾听、预估技巧、基本访谈技巧、帮助指引与辅导技巧、赋权协商和伙伴关系技巧等。BarryCournoyer 等《社会工作技巧手册》构建了围绕自我和人际交往的技巧。

虽然都可以翻译成技巧，但是 technique 是更为抽象层面的，也有技术的意思。总体来说，技术是包含技巧。随着社会工作逐渐加重对社会理论的汲取、整合，进而推进社会理论的实践转向，我们所发展的出来的是技术，而非传统微观的技巧。这呼应了曼海姆在社会理论层面倡导社会技术的导向。笔者主张以社会工作技术替代社会工作方法概念。首先，从社会工作三大方法的形成过程来看，由早期的面向个体的服务，随着服务人群的扩大以及社会问题的复杂化，逐渐发展了小组社会工作和社区工作以及间接工作方法。当代社会工作实务的趋势是整合运用多种方法，从而消弭了方法内的界限。这时所构建的是一种综合性的技术。笔者主张以技术替代方法。这适应了社会工作理论整合的趋势。再者，从词义本身来说，"方法"主要是在认识论上使用，社会工作技术更直接地体现了社会工作的实务性。社会工作是社会工作师依据特定理论，面向服务对象的需求，满足服务对象需求的过程。这一过程需要特定的知识、素质和经验，也只有掌握特定的技术的人才能胜任。

（五）社会技术的形成过程

社会技术的发展是规律性与价值性的统一：这意味着社会技术是以社会科学为基础，基于规律，形成技术；同时也要体现价值理性，为社会技术提供内在动力。[①] 因此，社会技术首先需要有社会科学知识的支持。发展新的社会技术也需要一种新的理论基础。接下来是推动社会科学向社会技术的转化，但这种转化并非线性对应的，一种社会科学知识可能转化成多种具体的社会技术，而社会技术向社会科学转化的过程则是从多到一的过程。社会技术的形成是相对真理性和社会功利性的双向运动。[②] 一种预设的理论解释下形成行动目标、具体的行动手段，而这种手段也需要实践的反馈与修正，推动二者的双向互动。

对于关系性视域下社会工作技术的构建来说，首先要有一种关系的理论基础作为前提，这种关系理论以社会理论为来源，研究社会关系的运动规律。同时诸如社会工作价值理念。在这种理论和价值诉求下，一方面逐渐进行逻辑演绎、不断具体化，形成操作性的社会工作关系技术体系，另一方面也是基于经

---

① 田鹏颖：《论社会科学与社会技术的一体化趋势》，《中国人民大学学报》，2005 年第 1 期，第 91 页。

② 田鹏颖：《论社会科学与社会技术的一体化趋势》，《中国人民大学学报》，2005 年第 1 期，第 93 页。

验的总结，将社会工作师在实践中的惯例、做法提炼到社会技术层面。在方法上，还回到实践案例，进行实践的修正与验证，形成初步的技术体系。最终这些技术体系逐步获得社会共识，立法者将这些共识上升为国家意志从而在全社会推广。

第三节　研究贡献与局限

本书的研究贡献在于以下几个方面。

第一，研究问题的交叉性。作为法学与社会工作交叉议题，运用法学理论构建了我国社会工作师权利义务的结构。这一个议题目前在法学和社会工作学科领域都为没有得到充分重视。这尤其需要对于法学理论和社会工作特殊性的双重理解，以及对于二者关系的把握。本书的研究即是一个尝试。它回答了基于法理学和社会工作职业特性下社会工作师应当具有的权利义务，以及权利义务的整体特征；并对法治与社会工作职业化、专业化和本土化关系等问题进行了讨论。

第二，研究视角上采用关系性视域。关系主义不同于关系，是国际社会科学研究的前沿。本书以关系主义重构社会工作职业权利义务立法，进行系统性分析。

第三，研究内容上，构建了体系性的社会工作师权利义务体系。研究内容。聚焦于本土实践，分析社会工作职业与中国共产党、政府、服务对象和其他主体关系。

当然，本书还有一些局限。在本书的主体研究之外，仍然有两个问题值得深化探讨。众所周知，权利义务本身也是生长在法律体系中，那么在法律体系环境中社会工作师权利义务与其他诸多法律法规或者法律元素的关系是怎样的呢？这些关系实际上从外在影响社会工作师权利义务的立法与实践。中国法律体系由七大法律部门组成，社会工作立法从属其中的社会法部门，是社会法的重要组成部分。社会工作立法本身也有其体系，即由社会工作主体法、社会工作事业法、社会工作受助群体权益保护法构成。法律体系并非杂乱无章，而有其内在逻辑结构，法律体系的构成部分也因此相互影响，有机结合，形成科学的体系。在讨论社会工作师权利义务时，隐含的一个前提就是在社会工作法律体系中进行讨论。首先要注意到的一点是，社会工作师权利义务的规定往往在社会工作师法中进行规定，而社会工作师法作为社会工作主体法的中心，只能以原则性或者粗线条的立法为导向，而由相关的配套法律法规或者说下位法对实施细则进行详细规定。因此，讨论社会工作师权利义务并非止于法律层面，还需要法规和规章以及地方文件进行具体规定。也只有在整体配合下，法律才能发挥应有的作用。在此，不能忽略任何一个层面立法研究的意义。再者，由于我国国家层面的立法——以全国人大常委会立法和国务院立法为代表的推进较为缓慢，而民政部等部门立法和地方立法则进行先行立法尝试。目前，民政部出台了《社会工作者职业水平证书登记办法》《社会工作者职业水平评价暂行规定》《社会工作者继续教育办法》，原劳动与社会保障部出台了《社会工作者国家职业标准》，地方上有《上海市社会工作师(助理)注册管理试行办法》《东莞市社会工作者登记注册实施办法(试行)》《深圳市社会工作者登记和注册管理办法》《珠海市社会工作促进办法》等。这些先行立法一方面为未来国家层面立法提供了经验，另一方面由于各个地方差异，也提出了未来国家如何整体协调各个地方立法的难题。在本书中讨论的"社会工作师""社会工作者"职业称谓之争、继续教育义务是注册前提还是登记前提等问题有待未来立法者进行权衡。此外，社会工作师法还需要其他相应位阶法律的相互支持。在本书提出的社会工作师主动报告义务则需要在目前已有的受助群体权益保护法中进行修改或者完善。如在《未成年保护法》《老年人权益保护法》等中写入社会工作师有照顾社区内未成年、老年人的职责，并设定相应的岗位，为社会工作师履行主动报告义务提供基础。在社会工作师履行在灾难事故中服从协商性组织安排义务，也需要在国家相关的灾难事故法律中明确协商性组织设置。

这个问题也可以从另外一个角度来分析。社会工作师法定权利义务实践的资本建设实际上本书更多是从立法者的角度研究了社会工作师的法定权利和义务，这是应然层面的讨论。进入实然，则需要执法，保障社会工作师权利义务得以实现。法律如果不能够实践和操作，只会沦落为一纸空文，没有实质的价值。实际上，国内对于社会工作师立法的讨论往往被诟病缺乏操作性、执行性。从根本上来说，这是把社会工作师权利义务立法与周围的生态隔离。为此，有人主张国家层面不应当首先出台社会工作师专门法律，而是先出台相关的支持性措施，构建良好的生态进而实现社会工作师专门立法。这种说法不无道理。本研究从关系性视域出发，也是一种法社会学的观察。此外，未来还可以考虑借助布迪厄基于关系主义构建的场域、惯习和资本概念来进行社会工作师权利义务立法的研究。总体上可以认为，从立法进入实践的转换关键在于社会工作师所需要的资本建设。基于布迪厄对于资本的分类，未来可以从经济资本、文化资本、社会资本和符号资本讨论各自的建设。例如，经济资本是马克思、布迪厄等社会理论家最早关注和分析的概念，它也是最为常见的资本形式，表现为货币、财物等。那么，对于社会工作师权利义务实践的经济资本有哪些构成形式呢？其经济资本现状如何？社会工作师权利义务实践的经济资本建设路径有哪些？同样，可以研究社会工作师权利义务实践的文化资本、社会资本、符号资本。尤其是社会资本和符号资本的独特价值。再者，社会工作师权利义务实践与资本整合也值得深入研究。在立法上如何推进制度化来保障资本的生成、转换对于社会工作师权利义务落地有着重要关系。

第二个问题是作为社会工作行业怎样推进社会工作师权利义务立法。宏观社会工作以改变社会政策为目标，常积极运用法律来实现社会正义。社会工作共同体推进自我主体立法既是实现本行业地位得以认可的需要，也是保护服务对象从而有助于实现社会工作使命的需要。因此，致力于实现社会工作行业立法也是社会工作集体的一项任务。立法并非专门立法者的职责，立法研究也并非只是法学家的课题。目前中国不少行业立法，忽略了特定行业的特殊性，只有法律之形式而无切合实际内容，遭到行业的抵触，法律的权威与落实成为空谈。原因有多种，其一在于立法者闭门立法或者立法者没有倾听到特定行业声音。根据我国《立法法》的规定，立法以民主立法为指导原则，广泛吸纳各方意见。虽然法律有此规定，但是过于粗略，实际操作程序也缺乏指导。因而，有的立法只是简单的听听部门建议，民主性无法保障。另外一个原因在于特定行业以被动方式接受行业立法，而积极主动推进立法的热情不高。社会工作师法是对社会工作师的性质、地位、执业范围、权利、义务、责任等重大问题的立法，对本行业的从业主体人员影响也自然重大。社会工作本身有许多的独特性，其非营利性、非政府性、专业性等特点看似简单，但是影响深远，直接制约立法的专业性与质量。如果依赖法学家来分析社会工作的独特性，社会工作共同体无疑在逃避历史使命，造成后代共同体被迫接受不合理或者低质量的行业立法。在笔者看来，积极主动推进社会工作师立法，一方面是广泛呼吁，推进立法进入议程，另一方面更为重要的是进行深入的研究，为科学立法提供基础。目前，社会工作界已经在呼吁立法，遗憾的是，社会工作界对社会工作立法的研究稀少，关注不足；即使现有一些研究也有简单的"拿来主义"之嫌，缺乏对中国当下社会工作发展的深入考量。如果以此为立法基础，难以想象未来社会工作师立法的质量会有多高。因此，推进社会工作师立法仍然任重道远。

参 考 文 献

[1] B. Glastonbury. Human Technology and Social Welfare. The Netherlands: Van Gorcum, 1993.

[2] Barker, G. The Social Work Dictionary, 3rd edition. Washington, DC: NASW Press, 1995.

[3] Beckford Report. A Child in Trust. London Borough of Brent, 1985.

[4] Bourdieu P, Wacquant L. An Invatition to Reflexive Sociology. Chicago: Chicago University Press, 1992.

[5] Bourdieu P. Outline of a Theory of Practice. Cambridge: Cambridge University Press, 1977.

[6] Dornbusch, Sanford M., W. Richard Scott. Evaluation and the Exercise of Authority. San Francisco: Jossey-Bass, 1975.

[7] Frederic R. Social Work Malpractice and Liability: Strategies for Prevention. New York: Columbia University Press, 1994.

[8] Gough Ian. The Political Economy of the Welfare State. London: Macmillan, 1979.

[9] Grace C., Wilkinson P. Negotiating the Law: Social Work and Legal Services, RKP, London, 1978.

[10] Ife J. 人类权利与社会工作. 郑广怀, 译. 上海: 华东理工大学出版社, 2015.

[11] Merton P. K. Social Theory and Social Structure. Glencoe, IL: Free Press, 1968.

[12] Mannheim K. Diagnosis of Our Time. London: Kegan Paul, Trench, Trubner & CO., LTD, 1943.

[13] Rothman Jack. Planning and Organizing for Social Change: Action Priciples from Social Science Research. New York: Columbia University Press, 1974.

[14] Rowbottom, Hay, Bills. Social Serviece Departments—Developing Patterns of Work and Organization. London: Heinemann, 1976.

[15] Schon D. A. The Reflective Practitioner: How Professionals Think in Action. New

York：Basic Books Inc.Publishers，1983.

［16］Theodore S. The Role of Law in Social Work Practice and Administration. Columbia University Press，2004.

［17］Wilson S. Confidentiality. New York：Free Press，1978.

［18］阿尔弗雷多·卡杜山，丹尼尔·哈克尼斯. 社会工作督导. 郭名倞等，译. 北京：中国人民大学出版社，2008.

［19］阿克塞尔·霍乃特. 为承认而斗争. 胡继华译. 上海：上海世纪出版集团，2005.

［20］埃文斯，鲁施迈耶，斯考克波. 找回国家. 方力维等，译. 上海：生活·读书·新知三联书店，2009.

［21］博登海默. 法理学——法哲学及其方法. 北京：华夏出版社，1987.

［22］布迪厄，华康德. 实践与反思：反思社会学导引. 李猛，李康译. 北京：中央编译出版社，2004.

［23］蔡勤禹. 国家、社会与弱势群体：民国时期的社会救济（1927—1949）. 天津：天津人民出版社，2003.

［24］曹锦清. 如何研究中国. 上海：上海人民出版社，2010.

［25］曹锦清. 黄河边的中国. 上海：上海文艺出版社，2000.

［26］陈国刚. 福利权研究. 北京：中国民主法制出版社，2009.

［27］陈昌曙. 技术哲学引论. 北京：科学出版社，1999.

［28］陈慧女. 法律社会工作. 台北：心理出版社，2004.

［29］陈兴良. 刑法适用总论. 北京：法律出版社，1999.

［30］戴维·罗伊斯等. 社会工作实习指导. 何欣译. 北京：中国人民大学出版社，2011.

［31］刁荣华. 中西法律思想论集. 台北：汉林出版社，1984.

［32］丁水木，张绪山. 社会角色论. 上海：社会科学院出版社，1992.

［33］冯仕政. 当代中国的社会治理与政治秩序. 北京：中国人民大学出版社，2013.

［34］弗里德尼希·卡尔·冯·萨维尼. 论立法与法学的当代使命. 许章润，译. 北京：中国法制出版社，2001.

［35］宫留记. 布迪厄的社会实践理论. 开封：河南大学出版社，2009.

［36］顾东辉. 社会工作概论. 上海：复旦大学出版社，2008.

［37］何家寿. 法学前沿. 武汉：武汉大学出版社，2007.

［38］何雪松. 社会工作理论. 上海：上海人民出版社，2007.

[39]黑格尔. 法哲学原理. 北京：商务印书馆，1961.

[40]蒋昆生，戚学森. 中国社会工作发展报告(2009—2010). 北京：社会科学文献出版社，2010.

[41]柯向峰. 社会救济. 重庆：正中书局，1947.

[42]拉尔夫·多戈负，弗兰克·M. 洛温伯格，唐纳·哈林顿. 社会工作伦理实务工作指南(第七版). 隋玉杰，译. 北京：中国人民大学出版社，2005.

[43]李建勇，吴志刚，陶希东. 社区工作法律导论. 上海：复旦大学出版社，2005.

[44]李龙. 人本法律观研究. 北京：社会科学文献出版社，2006.

[45]李文海. 民国时期社会调查丛编(社会保障卷). 厦门：福建教育出版社，2004.

[46]梁激溟. 中国文化要义. 上海：上海人民出版社，2005.

[47]林孟平. 小组辅导与心理治疗. 上海：上海教育出版社，2005.

[48]林尚立. 中国共产党与国家建设. 天津：天津人民出版社，2009.

[49]鲁道夫·冯·耶林. 为权利而斗争. 胡宝海译. 北京：中国法制出版社，2004.

[50]罗尔斯. 正义论. 何怀宏等，译. 北京：中国社会科学出版社，1988.

[51]罗纳德·德沃金. 认真对待权利. 信春鹰，吴玉章，译. 北京：中国大百科全书出版社，1998.

[52]罗肖泉. 践行社会正义. 北京：社会科学文献出版社，2005.

[53]曼海姆. 重建时代的人与社会. 张旅平，译. 北京：三联书店，2002.

[54]马克思，恩格斯. 马克思恩格斯全集. 北京：人民出版社，1956.

[55]马克斯·舍勒. 价值的颠覆. 曹卫东，译. 北京：三联书店，1997.

[56]曼库尔·奥尔森. 国家兴衰探源. 吕应中，译. 北京：商务印书馆，1992.

[57]民政部社会工作研究中心. 中国社会工作发展报告(2011—2012). 北京：社会科学文献出版社，2013.

[58]莫拉莱斯，谢弗. 社会工作：一体多面的专业. 顾东辉，王承恩，高建秀等，译. 上海：社会科学院出版社，2008.

[59]彭秀良. 守望与开新：近代中国的社会工作. 石家庄：河北教育出版社，2010.

[60]齐格蒙特·鲍曼. 流动的现代性. 欧阳景根，译. 上海：三联书店，2002.

[61]钱大军. 法律义务研究论纲. 北京：科学出版社，2008.

[62]沈宗灵. 现代西方法理学. 北京：北京大学出版社，1992.

[63]苏力. 法治及其本土资源. 北京：中国政法大学出版社，1996.

[64]孙国华. 法学基础理论. 北京：中国人民大学出版社，1993.

[65]田鹏颖. 社会技术哲学引论. 哈尔滨：东北大学出版社，2003.

[66]文军. 西方社会学理论：经典传统与当代转向. 上海：上海人民出版社，2006.

[67]王瑞鸿. 社会工作项目精选. 上海：华东理工大学出版社，2010.

[68]王思斌. 社会工作导论. 北京：高等教育出版社，2004.

[69]王思斌. 社会工作概论. 北京：高等教育出版社，1999.

[70]王思斌. 社会工作专业化及本土化实践：中国社会工作教育协会 2003—2004 论文集. 北京：社会科学文献出版社，2006.

[71]王思斌. 中国社会工作研究（第六辑）. 北京：社会科学文献出版社，2008.

[72]王思斌. 转型期的中国社会工作. 上海：华东理工大学出版社，2003.

[73]王伟. 后形而上学文论——以罗蒂为样本. 上海：三联书店，2012.

[74]武步云. 人本法学的哲学探究. 北京：法律出版社，2008.

[75]奚从清. 角色论：个人与社会的互动. 杭州：浙江大学出版社，2010.

[76]谢晖，陈金钊. 法理学. 北京：高等教育出版社，2005.

[77]徐永祥，孙莹. 社区工作. 北京：高等教育出版社，2004.

[78]徐永祥. 社区工作. 北京：高等教育出版社，2004.

[79]亚里士多德. 政治学. 吴寿彭，译. 北京：商务印书馆，1995.

[80]杨国枢，余安邦. 中国人的心理与行为. 台北：桂冠图书公司，1993.

[81]岳宗福. 近代中国社会保障立法研究（1912—1949）. 济南：齐鲁书社，2006.

[82]詹姆斯·C. 斯科特等. 国家的视角：那些试图改善人类状况的项目是如何失败的. 王晓毅，译. 北京：社会科学文献出版社，2004.

[83]张恒山. 义务先定论. 济南：山东人民出版社，1999.

[84]张文显. 法学基本范畴研究. 北京：中国政法大学出版社，1993.

[85]张文显. 法理学. 北京：高等教育出版社，2003.

[86]张维为. 中国震撼：一个文明型国家的崛起. 上海：上海人民出版社，2011.

[87]郑永强. 英国社会工作. 北京：中国社会出版社，2010.

[88]周旺生. 立法学. 北京：法律出版社，2004.

[89]周永新. 社会工作学新论. 中国香港：商务印书馆，1994.

[90]朱汉国. 中国社会通史(民国卷). 太原：山西教育出版社，1996.

[91]朱眉华，文军. 社会工作实务手册. 北京：社会科学文献出版社，2006.

[92] Abramson, M. Keeping Secrets：Social Work and AIDS. Social Work, 35, 1990.

[93]Ashton V. Worker Judgements of Seriousness about and Reporting of Suspected Child Maltreatment. Child Abuse and Neglect,1999,25(3).

[94]Barnes C. Questionnaire Evaluation of the Attitudes in Respect to Microcomputers within Social Services Settings. Computer Applications in Social Work, 1984, 1(10).

[95]Barry Rock, Elaine Congress.The New Confidentiality for the 21 st Century in a Managed Care Environment. Social Work,1999,44(3).

[96]Brandon N, Knapp S. Interprofessional Education and Training：Transforming Professional Preparation to Transform Human Services. American Behavioral Scientist,1999(42).

[97]Braye S., Preston-Shoot M. On teaching and applying the law in social work：it is not that simple.British Journal of Social Work,1990,20(4).

[98]Doelker R., Lynette P. The Impact of Learner Attitudes on Computer-based Training in the Human Services. Journal of Continuing Social Work Education, 1988, 4(3).

[99]Emirbayer M. A Manifesto for a Relational Sociology, American Journal of Sociology,1997,103(2).

[100] Forgey A, Colarossi L. Interdisciplinary Social Work and Law：A Model Domestic Violence Curriculum. [Special Section] Domestic Violence and Social Work Education. Journal of Social Work Education, 2003(39).

[101]Israel Doron, Yitzchak Rosner, Mirit Karpel. Law, Social Work and Professionalism：Israeli Social Workers' Attitudes towards the 1996 Social Workers Act.Journal of Social Welfare & Family Law, 2008,30(1).

[102]Jankovic J, Green R. Teaching Legal Principles to Social Workers. Journal Education for Social Work,1981(17).

[103] Joseph K. Social Work andLaw：A Model Approach to Interdisciplinary Education Practice and Community-based Advocacy. Family Court Review, 2008(4).

［104］Kopels S, Gustavsson N. Infusing Legal Issues into the Social Work Curriculum. Journal of Social Work Education, 1996.

［105］Kopels S, Kagle J. Do Social Workers Have a Duty to Warn. Social Service Review, 1993, 67.

［106］Kutchins H. The Legal Basis of Social Workers' Responsibilities to Clients. Social Work, 1991, 36.

［107］Landau, Baerwald. Ethical Judgement, Codeof Ethics, and Supervision in Ethical Decision Making in Social Work: Findings Form an Israeli Sample. Journal of Applied Social Sciences, 1999, 23(2).

［108］Preston-Shoot M., Roberts G., Vernon S.Social Work Law: from Interaction to Integration. Journal of Social Welfare and Family Law, 1998, 20(1).

［109］Reamer F. The Use of Modern Technology in Social Work: Ethical Dilemmas. Social Work, 1986, 31.

［110］Rock B, Auerbach C., Kaminsky P., Czoldstein M. Integration of Computer and Social Work Culture: A Developmental Model//B. Glastonbury. Human Technology and Social Welfare. Assen, The Netherlands: Van Gorcum, 1993.

［111］Sallie W, John W. Malpractice in Clinical Social Work: A Perspective on Civil Liability in the 1980's. Clinical Social Work, 1983(1).

［112］Strom Gottfried K.Ensuring Ethical Practice: An Examination of NASW Code Vilolations, 1986-1997.Social Work, 2000, 45(3).

［113］Weinstein B., Levine M., Kogan N., et al. Mental Health Professionals' Experiences Reporting Suspected Child Abuse and Maltreatment.Child Abuse & Neglece, 2000, 24(10).

［114］Wigmore J.Evidence in Trials at Common Law(reved). Boston: Little, Brown, 1961(8).

［115］Zuboff S.New Worlds of Computer—mediated Work. Public Welfare, 1983, 41 (4).

［116］安秋玲. 社会工作知识本土建构：基于实践场域的进路与策略. 华东师范大学学报(哲学社会科学版), 2016(6).

［117］边燕杰. 关系社会学及其学科地位. 西安交通大学学报(社会科学版), 2010(3).

［118］卞文忠, 曹雨露. 社会工作立法与和谐社会构建. 人民论坛, 2011(11).

［119］蔡禾. 国家治理的有效性与合法性——对周雪光、冯仕政二文的再思考.

开放时代，2012(2).

[120]蔡勤禹. 民国社会救济立法述论. 青岛海洋大学学报(社会科学版)，2002(1).

[121]蔡屹，何雪松. 社会工作人才的三维能力模型——基于社工机构的质性研究. 华东理工大学学报(社会科学版)，2012(4).

[122]陈锋，陈涛. 社会工作的"社会性"探讨. 社会工作，2017(3).

[123]陈鲁南. 当前美国社工职业状况. 中国社会导刊，2007(12).

[124]陈涛. 社会工作专业使命的探讨. 社会学研究，2011(6).

[125]储槐植. 刑法存活关系中——关系刑法论纲. 法制与社会发展，1996(2).

[126]邓玮. 马克思主义社会工作的实务取向及现实启示. 华东理工大学学报(社会科学版)，2014(4).

[127]丁水木. 略论社会学的角色理论及其实践意义. 社会学研究，1987(6).

[128]额尔墩. 论道德本质及其对法制的作用. 前沿，2005(12).

[129]方曙光. 我国当前社会工作立法探究. 黑龙江史志，2009(2).

[130]范时杰. 以马克思主义中国化建构社会工作理论的价值和方法. 社会福利(理论版)，2000(3).

[131]高崇惠，吕涛. 社会工作服务机构立法问题研究//民政部社会工作司编. 社会工作立法问题研究. 中国社会出版社，2011.

[132]高其才. 现代立法理念论. 南京社会科学，2006(1).

[133]葛道顺. 社会工作制度建构：内涵、设置与嵌入. 学习与实践，2012(10).

[134]葛忠明. 从专业化到专业主义：中国社会工作专业发展中的一个潜在问题. 社会科学，2015(4).

[135]古学斌. "社会工作实践研究"专题——为何做社会工作实践研究. 浙江工商大学学报，2015(4).

[136]顾东辉. "三社联动"的内涵解构与逻辑演绎. 学海，2016(3).

[137]郭伟和. 从一种规训技术走向一种社会建设——社会工作参与现代国家治理的作用转变. 浙江工商大学学报，2016(4).

[138]郭伟和，徐明心，陈涛. 社会工作实践模式：从"证据为本"到反思性对话实践——基于"青红社工"案例的行动研究. 思想战线，2012(3).

[139]郭道晖. 论法定权利与权利立法. 法制现代化研究，1995.

[140]郭景萍. 现代社会工作的基本特征：制度化利他主义. 社会科学研究，

2005(4).

[141] 郭明霞，扶庆松. 论中国社会工作伦理与法治秩序的构建. 社科纵横，
2009(12).

[142] 韩央迪. 法律与社会工作的互构：西方社会工作的实践与启示//中国社
会工作研究. 社会科学文献出版社，2014.

[143] 何红锋，刘琪，李德华等. 我国职业法律制度比较研究及其对社会工作
立法的借鉴//民政部社会工作司编. 社会工作立法问题研究. 中国社会
出版社，2011.

[144] 何红锋，李春红. 社会工作立法研究//蒋昆生，戚学森主编. 中国社会
工作发展报告 2009—2010. 社会科学文献出版社，2010.

[145] 何明升. 司法社会工作概念的缺位及其补足. 法学论坛，2012(2).

[146] 何雪松. 社会工作的"文化自觉". 社会建设，2014(2).

[147] 何雪松. 社会工作的理论追求及发展趋势. 西北师大学报(社会科学版)，
2017(4).

[148] 何雪松. 重构社会工作的知识框架：本土思想资源的可能贡献. 社会科
学，2009(7).

[149] 何雪松. 积极而非激进：宏观社会工作的中国图景. 学海，2020(2).

[150] 何友晖，彭泗清. 方法论的关系论及其在中西文化中的应用. 社会学研
究，1998(5).

[151] 胡平仁. 法律义务新论——兼评张恒山教授《义务先定论》中的义务观.
法制与社会发展，2004(6).

[152] 黄超，肖峰. 社会工作立法的意涵及其解读. 中国商界(下半月)，2008
(5).

[153] 黄宗智. 集权的简约治理——中国以准官员和纠纷解决为主的半正式基
层行政. 开放时代，2008(2).

[154] 江华，张建民，周莹. 利益契合：转型期中国国家与社会关系的一个分
析框架. 社会学研究，2011(3).

[155] 蒋荣华. 从社会控制到人道主义——社会工作价值观的转型. 社会，
2004(11).

[156] 焦金波，王超，李绍伟. 专业社会工作师伦理价值选择之优先序列. 中
国矿业大学学报(社会科学版)，2005(2).

[157] 康晓光，韩恒. 行政吸纳社会——当前中国大陆国家与社会关系再研究.
中国社会科学，2007(2).

[158]黎军，张旭. 社会工作师法定权利义务研究//民政部社会工作司编. 社会工作立法问题研究. 中国社会出版社，2011.

[159]黎明. 我国社会工作师职业立法探索. 中国人民大学，2008.

[160]李伟，杨彩云. 市场化与社会工作的"去社会化"——基于美国社会工作的考察. 社会工作与管理，2019(5).

[161]李刚，许跃辉. 中国经济增长之谜(1978—2010)：准中性政府、制度变迁与包容性发展. 华东经济管理，2012(7).

[162]李京波. 论法律义务. 山东大学.

[163]李龙. 人本法律观论纲//何家寿主编. 法学前沿. 武汉：武汉大学出版社，2007.

[164]李同. 现阶段本土性社会工作之专业关系研究. 社会工作(学术版)，2011(10).

[165]李伟. 社会工作何以走向"去社会变革化"——基于美国百年社会工作史的分析. 社会，2018(4).

[166]李迎生. 西方社会工作发展历程及其对我国的启示. 学习与实践，2008(7).

[167]李勇，彭秀良. 论社会工作档案的属性和功能. 兰台世界，2012(29).

[168]梁玉成. 走出"走出中国社会学本土化讨论的误区"的误区. 新视野，2018(4).

[169]林卡，张育琴. 青少年社会工作本土化与国际化问题的理论探索. 青年学报，2015(4).

[170]林尚立. 国家建设：中国共产党的探索与实践. 毛泽东邓小平理论研究，2008(1).

[171]林志敏. 论法律权利结构. 吉林大学社会科学学报，1990(4).

[172]刘华丽，卢忠萍. 儒家人格思想：中国社会工作本土化的理论渊源. 南昌大学学报(人文社会科学版)，2007(1).

[173]刘继同，孔灵芝，严俊. 心理学与社会工作的本质区别及其对构建中国精神健康社会工作实务模式的启示. 社会科学研究，2010(3).

[174]刘继同. 社会工作"实务理论"概念框架、类型层次与结构性特征. 社会科学研究，2012(4).

[175]刘金凌. 法律义务、道德义务的功能互补与协调. 辽宁师范大学学报(社会科学版)，2005(2).

[176]刘军平. 中国法治进程中的立法理念刍论. 政法论丛，2005(3).

[177] 刘玲, 征汉年, 章群. 法律权利基本问题研究. 河池学院学报, 2005(4).

[178] 刘梦, 张叶芳. 中国社会工作本土化过程分析. 中华女子学院学报, 2001(6).

[179] 刘威. "和而不同": 中国社会工作的实践分殊与经验会通. 中州学刊, 2011(11).

[180] 刘晓春. 风险社会视角的灾难与社会工作——台湾经验. 广东工业大学学报(社会科学版), 2012(5).

[181] 刘兴树. 论法律权利. 湖南师大社会科学学报, 1994(1).

[182] 刘振, 徐永祥. 专业性与社会性的互构: 里士满社会工作的历史命题及其当代意义. 学海, 2019(4).

[183] 鲁春霞. 论我国社会工作从业人员的专业化建设. 北京科技大学学报(社会科学版), 2004(9).

[184] 陆士桢, 洪江荣. 当代中国社会工作与党的群众工作. 河北青年管理干部学院学报, 2009(2).

[185] 罗大文. 司法社会工作推进综述. 社会工作, 2011(8).

[186] 罗肖泉. 关于中国社会工作职业道德建设的几点思考. 伦理学研究, 2009(2).

[187] 吕涛, 高崇慧. 社会工作实践的法理学思考. 云南财贸学院学报, 2006(2).

[188] 吕涛, 尹学军. 略论社会工作法治化. 云南师范大学学报(哲学社会科学版), 2006(6).

[189] 麻宝斌, 贾茹. 管理与服务关系的反思与前瞻. 上海行政学院学报, 2016(1).

[190] 马荣春, 徐晓霞. 平衡性立法思维:《刑法修正案(九)》的立法贡献, 中国刑事法杂志, 2016(4).

[191] 茅铭晨. 论宪法申诉权的落实和发展. 现代法学, 2002(6).

[192] 民政部社会工作司编. 社会工作立法问题研究. 北京中国社会出版社, 2011.

[193] 彭善民, 张宇莲等. 都市社会工作资源整合模式探索. 华东理工大学学报(社会科学版), 2007(1).

[194] 彭秀良. 近代中国社会工作史研究的两重意义. 博览群书, 2012(2).

[195] 钱大军, 马国强. 身份与法律义务的关联研究. 大庆高等专科学校学报,

2004(2).

[196]钱大军. 法律义务的逻辑分析. 法制与社会发展, 2003(2).

[197]乔世东. 新管理主义对社会工作的影响. 华东理工大学学报(社会科学版), 2004(2).

[198]乔中国, 薛立斌. 法律社会工作论纲. 社会工作与管理, 2015(6).

[199]曲玉波, 李惠, 姜翠敏等. 我国社会工作者立法需求研究报告//民政部社会工作司编. 社会工作立法问题研究. 中国社会出版社, 2011.

[200]权衡. 共容性组织与激励性增长: 超越"政府-市场"的分析逻辑——政党功能的经济学思考. 学术月刊, 2011(6).

[201]任海凌. 社会工作师法刍议//第二届中国社会工作论坛暨第五次内地与香港社会福利发展研讨会论文集(内地部分), 2004.

[202]史尚宽. 法律之理念与经验主义法学之综合//刁荣华主编. 中西法律思想论集. 台北汉林出版社, 1984.

[203]孙国华, 黄金华. 论法律上的利益选择. 法律科学, 1995(4).

[204]孙建春. 大力发展灾害社会工作充实防灾减灾专业力量. 中国减灾, 2010(7).

[205]孙培军. 以政党为中心: 中国社会抗争治理结构研究. 复旦大学国际关系与公共事务学院, 2011.

[206]孙志丽, 张昱. 中国社会工作的发端. 华东理工大学学报(社会科学版), 2009(4).

[207]唐皇凤. 非政府组织: 社会转型期政府治理的减压阀. 学习月刊, 2010(1).

[208]唐文玉. 行政吸纳服务——中国大陆国家与社会关系的一种新诠释. 公共管理学报, 2010(1).

[209]唐咏. 关系和嵌入性之外: 中国社会工作理论本土化研究的路径选择. 深圳大学学报(人文社会科学版), 2009(2).

[210]唐咏. 社会工作师的价值观与伦理建设——社会工作师条例权利和义务部分的建议说明. 社会工作, 2008(9).

[211]田鹏颖. "培根计划"的终结与社会技术创新. 中国人民大学学报, 2007(4).

[212]田鹏颖. 论社会科学与社会技术的一体化趋势. 中国人民大学学报, 2005(1).

[213]田毅鹏, 刘杰. 中西社会结构之"异"与社会工作的本土化. 社会科学,

2008(5).

[214] 童敏，刘芳. 新时代的人文关怀：马克思主义社会工作的回顾与前瞻. 浙江工商大学学报，2019(6).

[215] 童敏. 东西方融合：社会工作服务的专业化和本土化. 厦门大学学报（哲学社会科学版），2007(4).

[216] 童敏. 先秦哲学中"虚无"概念与社工的辩证思维. 首届社会工作理论研讨会，2017.

[217] 童星. 社会管理创新八议——基于社会风险视角. 公共管理学报，2012(4).

[218] 王刚义. 关于建立法律社会工作学的思考. 法制与社会发展，2002(1).

[219] 王健. 社会工作"案主自决"原则在中国本土实践中的困境. 社会工作，2010(3).

[220] 王浦劬. 国家治理、政府治理和社会治理的含义及其相互关系. 国家行政学院学报，2014(3).

[221] 王思斌. 发挥社会工作在灾后重建中的作用. 中国党政干部论坛，2008(6).

[222] 王思斌. 社会工作参与社会治理的特点及其贡献——对服务型治理的再理解. 社会治理，2015(1).

[223] 王思斌. 试论我国社会工作的本土化. 浙江学刊，2001(2).

[224] 王思斌. 中国本土社会工作实践片论. 江苏社会科学，2011(1).

[225] 王思斌. 中国社会的求—助关系——制度与文化的视角. 社会学研究，2001(4).

[226] 王新燕. 论社会工作与法律的相互影响关系. 社会工作，2010(8).

[227] 王婴. 多元理解张力下的中国社会工作发展. 华东理工大学学报（社会科学版），2007(2).

[228] 王云斌. 社会工作立法框架建构研究. 社会福利（理论版），2012(8).

[229] 魏定仁. 宪法学. 北京大学出版社，1999.

[230] 文军，何威. 灾区重建过程中的社会记忆修复与重构——以云南鲁甸地震灾区社会工作增能服务为例. 社会学研究，2016(2).

[231] 文军，吴越菲. 灾害社会工作的实践及反思——以云南鲁甸地震灾区社工整合服务为例. 中国社会科学，2015(9).

[232] 文军. 当代中国社会工作发展面临的十大挑战. 社会科学，2009(7).

[233] 文军. 论社会工作模式的形成及其基本类型. 社会科学研究，2010(3).

[234]吴铎. 北平协医社会事业部个案底分析//李文海. 民国时期社会调查丛编(社会保障卷). 厦门福建教育出版社,2004.

[235]吴小贻. 教师专业自主权的解读及实现. 教育研究,2006(7).

[236]吴莹,卢雨霞,陈家建等. 跟随行动者重组社会——读拉图尔的《重组社会:行动者网络理论》. 社会学研究,2008(2).

[237]吴志宏. 把教育专业自主权回归教师. 教育发展研究,2002(9).

[238]吴越菲. 社会工作"去专业化":专业化进程中的理论张力与实践反叛. 河北学刊,2018(4).

[239]吴鹏飞. 儿童福利权国家义务论. 法学论坛,2015(5).

[240]吴鹏飞. 儿童福利权体系构成及内容初探——以宪法人权理论为视角. 政治与法律,2015(2).

[241]项飚. 普通人的"国家"理论. 开放时代,2010(10).

[242]肖小霞. 中国专业社会工作发展的制度选择研究——以社会需求和从业现状为基础. 社会工作,2007(9).

[243]肖瑛. 从"国家与社会"到"制度与生活":中国社会变迁研究的视角转换. 中国社会科学,2014(9).

[244]谢泽. 广东地区社会工作立法需求状况调查及立法路径建议//米有录主编. 社会工作文选. 中国社会出版社,2008.

[245]谢振民. 中华民国立法史(下册). 中国政法大学出版社,2000.

[246]熊贵彬. 东亚地区的社会工作法规制度. 中国社会工作,2008(36).

[247]徐翀. 社会工作师保护保障机制探析. 中国青年政治学院学报,2012(6).

[248]徐道稳. 社会工作师继续教育制度研究. 广东工业大学学报(社会科学版),2012(6).

[249]徐景波. 试论行政许可的几个问题. 黑龙江省政法管理干部学院学报,2002(1).

[250]徐延辉,兰林火. 社区能力、社区效能感与城市居民的幸福感——社区社会工作介入的可能路径研究. 吉林大学社会科学学报,2014(6).

[251]徐永祥. 论现代社会工作在和谐社会中的建构功能. 学海,2005(1).

[252]徐永祥. 社会工作是现代社会管理与公共服务的重要手段. 河北学刊,2007(3).

[253]徐永祥. 政社分工与合作:社区建设体制改革与创新研究. 东南学术,2006(6).

[254] 徐勇, 吕楠. 热话题与冷思考——关于国家治理体系和治理能力现代化的对话. 当代世界与社会主义, 2014(1).

[255] 徐勇. GOVERNANCE: 治理的阐释. 政治学研究, 1997(1).

[256] 徐选国. 中国社会工作发展的社会性转向. 社会工作, 2017(3).

[257] 薛畅宇, 姚建宗. 论法律义务的结构特征与功能. 长白学刊, 1996(4).

[258] 闫丽娟, 王丽霞, 何乃柱. 城市民族社区场域下的社会工作本土化——以回族社区为视点. 贵州民族研究, 2014(3).

[259] 杨超, 何雪松. 社会工作的关系视角. 学海, 2017(4).

[260] 杨超. 论社会工作师法定权利. 社会福利(理论版), 2012(3).

[261] 杨超, 何雪松. 社会工作专业关系的动态合宜: 基于上海的质性研究//中国社会工作研究(第十五辑). 社会科学文献出版社, 2017.

[262] 杨超. 我国社会工作立法研究现状与展望. 社会与公益, 2018(2).

[263] 杨超. 迈向关系性社会治理: 一个元框架的建构. 华东理工大学学报(社会科学版), 2019(1).

[264] 杨超. 中国社会工作的法治维度. 社会工作管理, 2020(1).

[265] 杨超, 杨晋娟. 嵌入中的信任建构: 基层村居治理的生存逻辑. 社会工作与管理, 2019(3).

[266] 叶静漪等. 从社会立法到社会工作立法//民政部社会工作司编. 社会工作立法问题研究. 中国社会出版社, 2011.

[267] 易钢, 吴斌. 案主自决的理论、实践及其选择. 理论学刊, 2007(6).

[268] 殷妙仲. 专业、科学、本土化: 中国社会工作十年的三个迷思. 社会科学, 2011(1).

[269] 袁光亮. 从现行社会工作法律法规解读我国的职业社工. 北京青年政治学院学报, 2009(4).

[270] 袁光亮. 论开展社会工作继续教育的重要性. 职业时空, 2001(9).

[271] 袁光亮. 浅谈如何完善我国的社会工作法规. 现代商业, 2009(2).

[272] 袁光亮. 浅析我国当前的社会工作法律和社会工作者法律. 社会工作, 2008(2).

[273] 袁光亮. 我国社会工作立法思考. 理论月刊, 2011(7).

[274] 翟学伟. 社会学本土化是个伪问题吗. 探索与争鸣, 2018(9).

[275] 张德胜, 金耀基, 陈海文等. 论中庸理性: 工具理性、价值理性和沟通理性之外. 社会学研究, 2001(2).

[276] 张贵成. 法律义务与法律责任. 法学, 1984(7).

[277]张国庆，王华. 动态平衡：新时期中国政府管制的双重选择. 湖南社会科学，2004(1).

[278]张和清. 社会转型与社区为本的社会工作. 思想战线，2011(4).

[279]张剑源. 社会工作在司法领域的影响——兼论社会工作师作为专家证人的可能. 云南大学学报，2008(3).

[280]张康之. 基于人的活动的三重空间——马克思人学理论中的自然空间、社会空间和历史空间. 中国人民大学学报，2009(4).

[281]张乐天，张粉霞. 社会工作职业现状与对策思考——"上海市浦东新区社会工作职业化"调查与分析. 社会科学，2002(2).

[282]张青. 论社会工作立法的必要性及其推进理路. 社会主义研究，2011(3).

[283]张威. 国家模式及其对社会政策和社会工作的影响分析——以中国、德国和美国为例. 社会工作，2016(3).

[284]张昱，曾浩. 社会治理治什么. 吉林大学社会科学学报，2015(5).

[285]张昱，杨超. 论社会工作立法理念. 福建论坛(人文社科版)，2013(6).

[286]张昱. 个体社会关系是社会工作的基本对象——灾后社会工作的实践反思//王思斌. 中国社会工作研究(第六辑). 北京社会科学文献出版社，2008.

[287]张昱. 中国本土社会工作实务的实践逻辑及其反思. 社会科学，2008(5).

[288]赵环，肖莉娜，何雪松. 迈向社会政策与经济政策的融合——梅志力社会福利发展论的当代启示. 社会福利，2010(2).

[289]钟桂男. 儒家社会工作学的教育与实践模式. 华东理工大学学报(社会科学版)，2006(1).

[290]周利敏. "化危机为转机"：灾害救助中社工组织的角色实践及行为策略. 防灾科技学院学报，2008(4).

[291]周沛. 关于社会工作发展中的几个问题. 江苏社会科学，2003(3).

[292]朱健刚，陈安娜. 嵌入中的专业社会工作与街区权力关系——对一个政府购买服务项目的个案分析. 社会学研究，2013(3).

[293]竺效，杨飞，陈洪涛等. 世界各法系主要国家社会工作师立法情况研究//民政部社会工作司编. 社会工作立法问题研究. 中国社会出版社，2011.

[294]竺效，杨飞. 域外社会工作立法模式研究及其对我国的启示. 政治与法

律，2008(10).

[295]《关于加强社会工作专业人才队伍建设的意见》

[296]《社会工作专业人才队伍建设中长期规划(2011—2020年)》

[297]《国家综合防灾减灾规划(2011—2015年)》

[298]《社会工作者国家职业标准》

[299]《社会工作者职业水平证书登记办法》

[300]《社会工作者职业水平评价暂行规定》

[301]《社会工作者继续教育办法》

[302]《社会工作者职业道德指引》

[303]《中国社会工作者守则》

[304]《上海市社会工作师(助理)注册管理试行办法》

[305]《东莞市社会工作者登记注册实施办法(试行)》

[306]《深圳市社会工作者登记和注册管理办法》

[307]《深圳经济特区慈善事业促进条例(送审稿)》

[308]《珠海市社会工作促进办法》

[309]《中华人民共和国立法法》

[310]《中华人民共和国行政复议法》

[311]《中华人民共和国消费者权益保护法》

[312]《中华人民共和国律师法》

[313]《中华人民共和国教师法》

[314]《中华人民共和国执业医师法》

[315]《中华人民共和国注册会计师法》

[316]《海关报关员管理办法》

[317]《公证员执业管理办法》

[318]《中华人民共和国注册建筑师条例》

[319]《注册监理工程师管理规定》

[320]《中华人民共和国职业分类大典》

[321]中国台湾"社会工作师法"2009年5月修订

[322]中国台湾"社会工作师法修正草案"

[323]中国台湾内务部门"社会工作纪录内容撰制注意事项"

[324]中国香港《社会工作者注册条例》

[325]中国香港《质素标准及准则(SQS)》

[326]日本《社会福祉士法和介护福祉士法》1987年

[327]《美国全国社会工作师伦理守则》

[328] Israeli Social Workers Act. 1996.

[329] U. K. Care Standards Act. 2000.

[330] Malta Social Work Profession Act. amended 2007.

[331] South Africa. Social Service Profession Act. amended 1998.

[332] New Zealand. Social Workers Registration Act. 2003.

[333] Swenden. Social Services Act. 2001.

[334] Chapter S-52. 1 of the Statutes of Saskatchewan Canada, the Social Workers Act.

[335] Canada. Nova Scotia. Social Workers Act. amended 2005.

[336] Canada. Ontario: Social Work and Social Service Act. 1998.

[337] Canada. British Columbia. Social Workers Act.

[338] Canada. Alberta. Social Work Profession Act. repealed 2003.

[339] Canada. Alberta. Social Workers Profession Regulation. amended 2013.

[340] American Alaska Statutes, Chapter 95. Social Workers.

[341] American Alaska Regulations, Chapter 18. Board of Social Work Examiners.

[342] The Association of Social Work Boards Model Social Work Practice Act, Alaska. America.

[343] West Virginia Code ofAmerica chapter 30. Professions and Occupations Article 30, Social Workers. 2010.

[344] Iowa Code, Chapter154C, Social Work. 2013.

后　记

　　在本书的研究中最应该感谢的是华东理工大学法学院的张昱教授，是他带笔者迈进社会工作法律学科的大门并积极鼓励笔者在这一领域耕耘和开拓。笔者本科就读法律专业，硕士阶段因兴趣转读社会工作专业，因此有了社会工作与法律的双学科知识结构。在第一次与张老师见面后，张老师即鼓励笔者尝试在社会工作立法这个领域进行研究。后来每次与张老师谈论课题，张老师总会提及这个领域研究的意义，鼓励笔者多加关注，并启发可能的研究课题，同时给予方法论上指导。在尝试中，笔者逐渐发现了社会工作法律这门交叉学科，看到国外对本学科成熟的研究与国内社会工作界的忽视，萌发一种学者的使命感，并发表了几篇相关论文。后续，笔者围绕这个领域继续探索，完成了若干相关的论文。本书的研究成果是在笔者的硕士论文以及若干相关论文基础上重新写作完成的。回头来看，若没有张老师积极的鼓励与鞭策，笔者也难以迈进这个学科殿堂。同时，张老师对学生的学术训练严格而有效，读书阶段每两周一次的文献综述及其汇报讨论，既让笔者打下了较好的社会工作和社会学知识的基础，也让笔者形成了文献综述的习惯。张老师多次强调"问题意识"，"思考要有敏锐性，反思性、批判性、穿透力、深刻性"，简约而不简单的两句话十分具有指导意义，每一次课题研究都是在参悟这两句话。十分感谢张老师的学术训练，他将笔者带入一个领域，又教给笔者方法与工具的使用，带给笔者一生受用的宝贵财富！

　　本书涉及的法律问题曾与上海交通大学法理学博士张西恒进行讨论，也多有启发，在此表示感谢。在搜集和翻译域外的相关立法资料中，笔者得到了本校徐荣老师、上海海事大学殷俊老师、在美国工作的高小帆女士、在韩国留学的张玉梅同学、中国人民大学李晓、北京外国语大学葛珊等人的积极帮助，在此一一感谢。感谢笔者的家人、同事、朋友的诸多支持和关怀，他们是笔者前进的坚强后盾！

最后，由于时间和认知的有限，跨专业学科的难度以及国内社会工作发展的阶段性，本书难免存在一些纰漏，敬请方家指正。

杨超
2020 年 1 月于山东临沂